U0128005

江西通史

——

清前期卷上冊

總序

鍾起煌

　　世界上的很多事情都是由機緣而起因執著而成，包括我們這部《江西通史》。

　　說由機緣而起，是因為這件事情的發生幾乎純屬偶然。二〇〇二年夏天，我和彭適凡、孫家驊同志談到江西悠久的歷史、談到江西輝煌的文化，因而產生了組織專家編撰《江西通史》的設想，彭、孫二位當即認為此舉當行而且可行。

　　說因執著而成，是因為一旦有這個想法，而且認為這是一件研究江西歷史、弘揚江西文化的重要工程，就決心去做。為此，我徵詢了周鑾書同志的意見，並邀請邵鴻和方志遠同志共商此事，得到他們的熱烈響應。二〇〇二年十月十八日，在江西省文物局和江西師大歷史文化與旅遊學院共同舉辦的全省文博教育成果展示與經驗交流會上，我向大會通報了編撰《江西通史》的意見，引起全體代表的熱烈反響，大家用長時間的熱烈掌聲表示支持，認為這是貫徹「三個代表」重要思想、全面挖掘和整理江西傳統文化、推進江西經濟文化建設的一大盛事。有了這個共識，十二月十三日，準備工作進入實質性階段。在我的主持下，召開了有關專家和編輯人員的聯席會議，對編撰《江西通史》的指導

思想、作者人選、工作日程、成果形式等具體問題展開了比較細緻的討論。二〇〇三年二月十五日，召開了第一次編撰工作會，《江西通史》的編撰工作就此正式啟動。

雖然說是機緣和偶然，但新的《江西通史》的編撰，實具備諸多因素和條件。

一、江西在中國歷史上具有重要的地位。根據最新的考古發現，在江西這塊土地上，人類的活動至少已有二十萬年歷史，它是中華民族發展史和古代文明發展史的重要組成部分；唐末五代以來，隨著全國經濟重心的南移，江西遂為全國經濟文化最為發達的省分之一，其物產之富、人才之眾，舉世矚目；進入二十世紀，江西又因為中央蘇區的建立而成為全國蘇維埃運動的中心。很難想像，在十分漫長的時段裡，沒有江西的中國歷史將會是什麼樣子。

二、文獻與實物資料豐富。江西既有「物華天寶、人傑地靈」之譽（唐王勃語），又素稱「文章節義」之邦（宋司馬光語）和「人文之藪」（清乾隆帝語），存世官修私撰文獻極為豐富。近年來一系列的考古發現，既可彌補文字記載之不足，更可與文

獻資料相互印證，為編撰《江西通史》提供了可供參考的實證材料和科學依據。

三、前期成果豐碩、學術隊伍整齊。老一輩的歷史學家仍然健在，他們不但學術積累深厚，而且對研究江西歷史有著強烈的責任心；中青年學者正趨成熟，他們繼承了前輩學者的嚴謹學風，又吸收了新的研究方法和研究技術，思維敏捷，勇於創新。在他們的共同努力下，這些年來已有大批高質量的有關江西歷史的學術成果問世，這些成果涉及江西歷史的方方面面，為編撰《江西通史》奠定了堅實的學術基礎。

四、政治環境寬鬆、經濟形勢發展。盛世修志是中國的傳統。改革開放以來，政通人和，國泰民安，江西經濟和全國一樣，有較快速度的發展。這為編撰《江西通史》提供了自由的學術氣氛和比較充裕的財力保證。近年來，江西的學術事業和出版事業取得了有目共睹的成就，連續獲得中宣部「五個一」工程獎和國家圖書獎、中國圖書獎，給江西文化藝術界和學術界以振奮，也引起了各兄弟省市的關注。這些成就的取得，為我們組織大規模著作的編撰工作提供了經驗。而周邊各省如湖北、湖南、浙江以及其他省市新編通史的紛紛問世，對《江西通史》的編撰是有力的推動，也提供了有益的借鑑。

五、從我個人來說，當時也恰恰能分出一些精力和時間來抓這件事情。於是盡力協調各方面的關係，為作者們、編者們排除各種障礙，以保證這項重大工程的圓滿完成。

四年來，《江西通史》的編撰工作得到了各方面的關心和支持。黃智權、吳新雄省長親自過問此事並指示有關部門給予支

持，省政協將其作為一件大的文化事業進行推動，省社聯將其列
為重大科研項目，江西師大、南昌大學、省社科院、省文物局、
省博物館和省考古所等有關單位也對參與編撰的專家們給予各種
便利，出版部門派出了強大的編輯班子並準備了足夠的啟動和出
版資金。特別要指出的是，各位作者在繁忙的教學和科研工作
中，能夠將《江西通史》的寫作列入重要的工作計劃並全身心地
投入。我在第一次全體編撰會議上指出，《江西通史》的編撰是
一項挖掘和弘揚江西歷史文化傳統的千秋事業，希望作者和編者
將其視為自己學術生涯中的事業。事實證明，作者和編者們後來
都是這樣要求自己的。正是因為有了各方面的支持和全體編撰人
員的共同努力，十一卷的《江西通史》才能順利地完成書稿並得
到如期出版。

　　明代中期，隨著區域經濟文化的發展，修撰地方誌成為一大
文化現象。各省、各府乃至各縣的省志、府志、縣誌大量湧現。
此後遂為傳統。盛世修志也不僅僅限於修前朝歷史，更大量、更
具有普遍意義的乃是修當地地方史。具有全局意義的江西省志也
正是在這個時候產生的。自明中期以來，江西整體史著作已編撰
過多部，其中著名的有：林庭㭙《江西通志》（37 卷，明嘉靖四
年），王宗沐《江西省大志》（8 卷，嘉靖三十五年；萬曆二十五
年陸萬垓增修），於成龍、杜果《江西通志》（54 卷，清康熙二
十二年），白潢、查慎行《西江志》（206 卷，康熙五十九年），
高其倬、謝旻《江西通志》（163 卷，雍正十年），劉坤一、劉
繹、趙之謙《江西通志》（180 卷，光緒七年），吳宗慈、辛際
周、周性初《江西通志稿》（9 編，民國三十八年）。二十世紀

末，又有許懷林的《江西史稿》（1994 年，江西高校出版社）、陳文華、陳榮華主編的《江西通史》（1999 年，江西人民出版社）問世。這些著作在保留江西歷史遺存、挖掘江西歷史文化方面作出了重要的貢獻。如何在充分吸取前人成果的基礎上有所發展、有所創新，是對新編《江西通史》的考驗。

為了使新的《江西通史》更具有時代特色和歷史價值，更具有劃時代的意義，我們對這部著作提出了以下的要求。

一、中國歷史是一個整體，我們在研究任何地方歷史的時候，都不能脫離這個整體。因此，正確認識各個歷史時期江西在全國政治經濟格局中的地位就顯得尤其重要，必須充分關注江西與中央、與周邊地區的關係，不溢美、不自卑，不關起門來論江西，將《江西通史》寫成一部與中華民族的整體有著血肉聯繫的江西歷史。

二、《江西通史》是系統記述和研究江西歷史的大型學術著作，由眾多學者共同參與完成。一方面，各卷是作者的個人成果，是作者最新研究成果的結晶，可以也應該有自己的風格和特色，所以希望作者精益求精，使其成為各自領域的學術精品。另一方面，甚至更為重要的是，它又必須是一個整體，是一部「通史」，所以全書十一卷必須有統一的體例和統一的要求，在文風上一定要力求簡潔、明快。各卷作者務必服從整體、服從大局，使自己的作品成為整個《江西通史》的有機組成部分。

三、《江西通史》必須是一部真實、動態、有可讀性的信史。所謂真實，是指史料翔實、言必有據。此「據」是經過考證後認為合理的，否則，「盡信書則不如無書」（孟子語）。這就需

要每個作者既盡可能地系統爬梳和挖掘史料，又謹慎辨析和使用史料。所謂動態，是指用發展的眼光看問題，既將問題放在特定的歷史背景之下，又特別關注它的演進過程，因為即使是同一件事物，其狀態和作用也是隨著時間的推移和社會的變遷而變化的。這就需要每個作者以歷史唯物主義和辯證唯物主義的觀點和方法去闡釋歷史、去探討歷史演進的規律。所謂有可讀性，是指應該用流暢的文字、敘述的方法寫作，展示的是作者的觀點和結論，而不是考辨的過程，它的體例是史書而不是論文。無圖不成書。圖文並茂是中國出版物的優良傳統和重要特點，《江西通史》應該在盡可能的情況下，收集能夠說明江西歷史各階段各方面狀況的歷史圖片，以加強其歷史感和可信度，同時也使其更具有可讀性。

四、以人為本，以民為本，以基層社會為本。所謂以人為本，指的是要寫成人的歷史，以人的活動為描述對象，即使是制度、習俗，也應儘可能地有人的活動。所謂以民為本，指的是儘可能地站在大眾的立場上來敘述歷史、看待歷史，更多地敘述大眾的活動。所謂以基層為本，是因為地方史本身就是基層乃至底層的歷史，要儘可能地揭示基層組織和底層社會的活動狀況。在此基礎上，充分重視統治者和社會菁英對社會的主導作用，重視自然環境、人文環境，特別是包括傳統價值觀念和現實政治制度等在內的上層建築對個人、對大眾、對底層的影響和制約作用，寫成一部上層建築與經濟基礎互動、國家權力與基層社會互動、社會菁英與人民大眾互動的歷史。

十一卷本《江西通史》即將付梓，我們希望它的出版能夠成

為江西歷史研究的新的里程碑、能夠成為江西文化史上的一大盛
事。當然，能否達到這個目標，還要由讀者和歷史來檢驗。

引言

本卷所確定的「清前期」時段，其上限始自清軍入關建立政權的順治元年（1644 年），下限至道光二十年（1840 年），與中國史學界通常劃分中國近代史的開端相對應，並以之與《江西通史·清後期卷》的時間上限相銜接。

一

清順治二年（1645 年）四月下旬，順長江東下的李自成大順軍在距江西九江四十里處，被清軍阿濟格部攻入老營，汝侯劉宗敏、軍師宋獻策等文武要員被俘，大批隨軍將領的家屬也被清軍俘獲，丞相牛金星偕子脫離大順軍向清軍投降，幾萬條船只也被清軍繳獲。另外一支清軍已由豫、皖直撲南京，李自成原定東下南京的戰略意圖已無法實現，不得不改變進軍方向，準備穿過江西西北部轉戰湖南。五月初，大順軍由湖北通城縣進入江西寧州（今修水縣），攻克州城後又向北前往湖北通山縣。五月四日，李自成在通山縣九宮山下突遭當地武裝的襲擊陣亡，此後，江西境內再未出現過大順軍與清軍的正面作戰。然而發生在長江中游的這些戰事，使大順軍、清軍和左良玉軍三支大的軍事力量

匯聚於江西北部，對日後江西的形勢變化和戰事發展產生了兩個直接的影響：一個是左良玉部裹挾了時任湖廣總督的江西籍人袁繼咸，並對九江城進行焚掠；另一個是降清後迅速占領江西絕大多數州縣的漢人軍隊中，金聲桓是左良玉舊部，而王體中、王得仁則是投降清軍的大順軍將領。

明末王朝管理的混亂無力與崇禎帝的倉皇自殺，使得諸多朱明宗藩在是否具有合法繼承權的問題上曖昧不清。南逃的宗室諸王本來就與明廷的不同政治派別有著複雜的關係，福王朱常洵最終得到馬士英、劉孔昭等握兵重臣的擁戴，於順治元年六月十九日在南京稱帝，宣布次年改元弘光，此即南明政權中的弘光朝。從此開始到順治五年，南明三個小王朝先後影響江西的戰事：最初是弘光朝，其次是唐王朱聿鍵建立於福州的隆武朝，最後是以兩廣為中心駐扎地的永曆朝。另外，江西東部撫州、建昌二府的抗清力量，則以原本分封於建昌府（治今南城縣）的益藩王為旗幟，與福建的抗清武裝聯繫比較密切，武夷山脈兩邊的拉鋸戰不斷出現，但是規模小，堅持的時間短。隆武朝節制下的贛州保衛戰長達五個月之久，是江西境內南明軍民抵抗清軍時間最長、作戰最為英勇、犧牲最為慘烈的一次，彪炳史冊。而永曆朝對江西的影響，則與順治五年初發生的金聲桓、王得仁起兵反正有更多的聯繫。金、王皆屬降清的漢人軍官，曾是江西境內南明抵抗武裝的主要殺手，後來出於對清廷封賞不足的失望和怨憤，加上一批南明人士的策反，重新舉兵反清，史稱「戊子之變」。因為江西戰場界於閩廣沿海和永曆朝控制的兩湖地區之間，所以金、王反正在當時造成很大震動。但他們沒有採取北進以圖大業的方

略，而是掉頭南下，集重兵進攻贛州，圍城三個月後無功而返，並且很快被清軍包圍於南昌城中。在堅守八個月之後城破兵敗，金、王死難。南昌遭受殘酷的屠城，損失重大。金、王反正的失敗，也加速了永曆小朝廷的覆亡。

順康之際，為了修復殘破的社會經濟，穩定剛剛建立的清朝統治，清江西官府採取了一系列舒緩民困、恢復經濟的措施，主要是招徠流民開墾荒地，蠲免歷年錢糧逋欠，鼓勵民眾進入城市居住等等。其中影響很大的舉措之一，是清理了瑞州、袁州、南昌三府延續三百年之久的「浮米」問題，其意義已經不限於消除戰亂的後遺影響，而是直接清理民間積怨甚久的明代賦役弊端。在當時民族矛盾依然尖銳，一批明朝遺民仍然堅持「夷夏之辨」的情勢下，這些切實的利民措施具有不容忽視的感召力。宋明以來已在江西繁衍生息的土著居民是這些措施的主要受益者，他們逐漸傾向或支持清政權，對於維護江西腹心地區的社會穩定必有好處。

康熙十二年（1673 年）底發生的三藩叛亂很快波及江西，湖西的萍鄉一帶被叛軍占領兩年之久，江西先後有三十多個縣、府出現起事和變亂，呼應叛軍，攻陷城市，大大遲滯了清軍向西南地區進攻的速度，迫使清廷回身清剿，花費很大力氣鞏固後方，確保江西居吳楚之間的戰略樞紐地位。為此，清軍還在袁州地區迅速驅趕了大批棚民，此舉影響很大，從平叛的角度考察，值得肯定。江西境內曠日持久的拉鋸戰，不僅再次給社會經濟造成很大破壞，而且也引發清廷對江西具有的重要戰略地位及其民情的重新認識。另外，部署於江西的軍事指揮系統也經受歷練並

不斷調整，江西總督因戰事而重置，坐鎮南昌；江西巡撫則長期派駐贛州，不僅加強了江西南部的軍事指揮力量，同時也提高了就近處理民事、調動戰爭資源的效率。平叛後江西總督很快被撤銷，此後江西只設提督，作為兩江總督的副貳分守南昌。

順康之際，江西有一批地方精英參加了科舉考試，參編了八十多種地方志。這些舉動，無疑是對明代以來地方文化傳統的一種延續，但是在經歷了一場天崩地裂的時代大變局後，參與其事者還有其特殊的用意和困窘，他們要考慮怎樣面對前朝的歷史和當地已有的文化成就，如何為那些抗擊過清軍的地方名人立傳，如何記載數十年戰亂給地方民眾帶來的巨大苦難等等。修志者盡量收集晚明史事，且隨處可見「春秋筆法」。而他們參與修志本身，一定意義上說也是對清朝統治逐漸認同的一種表示。康熙朝新修方志，既是為了抓緊記載平叛功績和三藩造成的破壞，也是通過記錄各地殉難的忠臣節烈事件，證明此時清王朝已經有了一批忠於自己而不僅僅是忠於前明君主的漢族臣民，證明一個「正統」的王朝逐漸為越來越多的人所認同和臣服，由此而可增強其統治的自信。通過這些具體的事項和操作過程，清王朝經過多年的戰爭改朝換代，平息叛亂，穩定統治的「大歷史」，也鮮活地體現為江西的「地方化過程」。

二

清前期江西的行政區劃，在繼承明代的基礎上小有變革。江西巡撫為地方最高長官，順治元年（1644 年）即置，但直到康熙三年（1664 年）裁撤南贛巡撫後，江西巡撫才完全管轄江西

十三府。乾隆八年（1743年）和十九年時，又先後在吉安府轄區內增設蓮花廳，在贛州府轄下劃出寧都縣，將其升格為直隸州，通過這種新置政區的措施，加強了對湖西和江西南部地區的管理和彈壓能力。至此，江西巡撫轄下共有十三府，一直隸州，七十七縣。清前期江西在省、府之間還設置了道，也是承襲明制。清初最常見的是分守道和分巡道，二者轄區基本一致，共分南瑞道、湖東道、湖西道、九南道、嶺北道等五道，各道還專門配置了軍官和士兵。從康熙朝開始，各道守、巡並設的制度逐漸改變，基本的趨勢是先裁撤分守道，保存部分的分巡道；後來分巡道的職事也逐漸由督糧道、驛鹽道、兵備道等駐省城的專司衙門官員兼領，並仍然兼有監察職能。

漕運是中國古代特有的一種水路運輸形式，即王朝中央通過水路強制性地轉運官糧等物資至京師，以滿足京城需求的一種經濟現象。清前期，在全國漕運總督管轄下，江西形成了一套較為完備的運漕管理機構。設糧道一人，為本省最高漕運長官，後來又於糧道之下增設押運通判三名，分別於南昌府、吉安府、臨江府分片負責漕糧監兌。入清後，江西衛所功能主要在於運漕，衛所官員的職責範圍逐漸與行政系統的州縣官吏趨同。江西計有四衛八所，衛、所下設十四漕幫，其中南昌衛、九江衛各設前、後兩幫。每幫漕船數量大體相當，清初額定漕船為一〇三艘，雍正四年（1726年）總計為七〇八艘，乾隆中期實有六三八艘，此後大體相沿不變。從制度上說，各衛所漕幫靠屯漕生存，即清廷按照各衛、所額定船只數量，派給相應屯田，由各衛、所實行屯田，以屯濟運，各軍丁則「領屯起運」。衛所「運軍」名為「旗

丁」，又被稱為「運丁」，常年擔負著南糧北調任務。平定三藩之亂後，僉選運軍的範圍已不再限於原有運漕軍戶，衛、所對軍役的認定更加寬鬆，軍役的範圍也有所擴大。康熙三十五年（1696 年）改制後，軍丁常年出運逐漸演變為運丁輪流領運，每年由一名運丁領運，其餘運丁出銀幫貼濟運。領運之丁從以前常年附著於漕船的「軍奴」，轉變為負責「徵租辦運」的漕船經營管理者，身份發生重大變化。其雇募舵工、水手代運的行為得到政府認可，漕船的技術性操作也部分地由民間船工充任，應募水手成為運漕主力，運漕隊伍呈現民運化趨勢。康雍朝以來，由於江西漕船體積逐漸增大，吃水漸深，很難深入到中小河流所經的邊遠縣份受兌，因此江西官府遂對兌糧水次進行歸並調整。為保證漕運的順利進行，還採取了嚴格津貼運丁造船運糧，規範屯田濟運，嚴格僉選運丁等方法，對江西漕運中較為常見的各種陋規進行整頓，並且採取了多種方式對運丁加以撫恤。

康熙十七年（1678 年）江西境內的戰亂基本平息後，官府即考慮安置主要是進入周邊山區墾種的外省移民。總體而言，此時的移民主體來自閩廣兩省，既是明代中期以後閩廣移民逐漸進入江西的一種持續，同時更是明末清初大規模戰亂引發江西地方社會一系列變化的後果之一。移民主要進入江西南部、中部、西北及東北部的山區墾殖和定居，基本過程是先依附於土著的里甲系統中，納糧當差；後來再要求按糧額重新編排里甲，准予移民在遷入地落籍，成為官府認可的編戶齊民。但這個安置的過程和方式在江西不同府縣並不相同，尤其是江西西部的棚民，直到康熙中後期，仍然被視為異類。從江西各級官員直到當地土著，一

直對袁州諸縣棚民曾經舉兵反清，導致清軍大規模驅逐棚民回歸
原籍的歷史記憶猶新，堅持把棚民和「賊人」、「匪類」聯繫在
一起。雍正元年（1723 年）三月，在江西萬載縣又發生了溫上
貴謀亂事件，再次引起清廷和地方官府的高度警覺。但也正是以
此事為契機，形成雍正朝臣中另外一種更為積極安置棚民的主
張，代表人物就是當時正好在江西主考的何世璂，以及後來積極
籌劃的戶部尚書張廷玉等。其基本主張是兩條：一是將棚民單獨
編成保甲，棚民的保、甲長也由棚民中身家殷實者擔任；二是給
棚民子弟讀書和科考的前途。這種主張的基礎和前提，是改變對
棚民的定性，即首先認定棚民是「閩廣寄籍之民」，其主體是
「久來種地之人」而不是「奸」民，所以將其安置好是首要問
題。這個深諳統治之道的一攬子解決方案得到雍正帝的支持，並
作為在江西、浙江等省安置移民的基本政策。這個政策對江西地
區還有一個特殊的意義，就是實際上已經以王朝政令的形式，明
確地為湖西的棚民正名，使之可以從過去的惡名中解脫出來。而
寧州土著對新的棚民政策進行了強烈抵制，從拒造清冊到罷考，
地方性的騷動前後持續了三個月之久，最後在官府的強硬表態和
具有彈性的具體處置下才結束。從這樣一個有關移民人群身份的
制度性變化中，集中反映了江西西部一些「有棚（篷）」州、縣
的社會衝突及其折射的時代變遷。從康熙朝平定三藩叛亂到雍正
帝登基，清朝社會又經歷了數十年的安定生活，閩廣移民不僅基
本站住腳跟，而且人口增加，有了較強的經濟實力，並逐漸產生
出可以代表自己利益的精英人物，他們已經開始了在遷入地的土
著化進程。在清王朝方面，對移民的態度也有了很大改變，已有

足夠的信心來解決這個實際上是由王朝更替、戰亂、民眾流徙以及基層社會組織發生變動等多重原因造成的歷史遺留問題，此時加以解決的客觀條件已經成熟，何世璂、張廷玉等朝臣所設計的新安置政策遂應運而生。而寧州為移民專門設置「懷遠」戶籍，成為江西地區率先落實新安置政策的一個成功範例，其影響遠遠大於其他一些地方將移民附籍於土著的做法。

清朝建立之初，為鞏固其異族統治，籠絡與加強對漢族讀書人的感情聯繫，迅速沿用了明代的科舉制度。進入地方各級官學仍是參加科舉的必備前提，每個地方學校的入學名額（即學額）就顯得至關重要。順治初期，清廷對各省府、州、縣儒學學額即有規定，康熙九年（1670 年）再次調整學額，府學及大州縣儒學均為二十名，其餘州縣為大學十五名，中學十二名，小學七八名，此後遂為定製。清朝將儒學文武同校的制度也繼承下來，在江西一半以上的府、州、縣儒學中，武科學額均按大、中、小學的次序，較文科學額降低一等。科舉制度中與人員流動和地方社會變遷最為密切的一點，在於嚴防「冒籍」，即要求考生必須在戶籍所在地參加考試，假冒他地籍貫參加考試被視為嚴重的舞弊行為，一旦查出，盡行斥革；已經中舉者亦須革去功名，逐回原籍。而對戶籍所在地的基本核定，是要求考生祖、父輩入籍達二十年以上，並且墳墓、田宅都有契據者方予認可。而江西清代科舉的冒籍問題，主要表現在棚民群體中。雍正三年（1725 年），江西巡撫題准江西棚民中入籍二十年以上並有廬墓者可在縣考試。為避免土、棚爭奪學額發生矛盾，准許在縣學錄取名額之外，另外額取棚籍若干名，江西各縣棚民子弟爭相報名應試。雍

正九年清廷又規定，在江南地區，棚民童生滿五十人以上，額外取進一名，一○○人以上取進二名，二○○人以上取進三名，而最多不得超過四名。至乾隆年間，因為江西棚童考試人數不斷減少，經過江西學政奏請，於乾隆二十八年（1763年）將棚童歸入土籍，一體考試，不再另立名額。然而在萬載縣還有眾多的棚童與考，所以單獨規定他們雖與土著子弟合考，但在卷面上仍須注明棚籍，以示區別。這種做法使萬載縣學額總數減少，雖然當地土、棚士紳都不願意接受這種事實，但因為他們之間的尖銳矛盾，而無法以同一個聲音向朝廷申論而增廣學額。於是棚童採取了不少冒籍作弊的手法，多次發生冒名頂替的考案，明顯擠占了土著生員的考取名額，激起土著強烈不滿，最終演化為土著童生的集體罷考。嘉慶十三年（1808年），禮部採取了劃定錄取名額的辦法，確定在土著學額之外，另外給棚籍文生、武生學額，才平息了土、棚的考試爭端。

由此可見，無論是從移民和土著生活空間的地理地貌差別考察，還是直接從語言的明顯不同來加以區分，抑或是發現不少縣境之內的族群衝突加劇而明顯形成土、客兩大人群，都可以認定到清前期江西已經形成一種二元的社會人文分野，並形成入清以後江西社會面貌非常不同於明代的一個特點。移民與土著人口數量的對比改變，不斷引發地方權勢力量的對抗和地方政治格局的變化。在一些府縣，移民與土著為謀求各自生存發展的空間而引起的各種社會矛盾不斷激化，甚至成為其清前期以來地方歷史發展的主要脈絡和內容之一。這種二元的社會人文分野長期存在，對近代以來的江西社會變遷及地方動亂和革命等，都產生了長遠

而深刻的影響。

三

　　在清前期閩廣移民進入江西以前，江西人口的大規模輸出是一個極為引人注目的現象，特別是元末明初以後江西人口向湖南、湖北兩省的大規模遷移，構成了中國移民史上「江西填湖廣」的移民大浪潮。在此同時江西南部山區則幾乎沒有人口外遷，究其原因之一，在於明初這一地區的人口數量比南宋時期減少了三分之二，本身就形成一個有待於填充人口的地區，這也為明代中期以後閩廣流民進入江西南部留下了一個很大的空間。清前期江西人口輸出輸入的最大特點，就是在上百萬江西人向西南川黔等省遷移的同時，江西本身也成為閩廣移民的一個重要遷入區。其主要流向，是進入江西南部、中部、西部及東北部的山區定居乃至入籍，從而掀起江西山區墾殖的一個高潮。

　　閩廣移民把新的農業耕作技術與農作物物種帶進江西山區，主要從事各種經濟作物的栽培與種植，如藍靛、甘蔗、煙草、苧麻等。同時，雙季稻的栽種與推廣，水稻耕作技術的進步，玉米、番薯的傳入與種植推廣，以及油茶、桐、漆、杉、竹等經濟林木的廣泛種植，極大地改變了清前期江西山區的土地利用方式與農業生產面貌，使許多地方的自然生態環境大為改觀，促進了江西土地與人口的增長。因而可以說清前期江西農業經濟的發展，與這一時期閩廣移民大規模進入江西山區有直接而重要的關係。相對而言，清代江西農田水利灌溉工程建設的成就進步不大。明末清初由於戰亂等原因，許多水利工程年久失修，清前期

江西水利建設的主要成就，集中表現在重修許多被大水沖壞的圩堤，以及疏浚淤塞的陂塘。以此為基礎，江西作為重要的糧食傳統產區，其水稻生產與米穀輸出，在清前期國家的漕糧供應、戰爭與災害時期區域間的糧食協濟，以及平常年份的糧食長距離省際販運中，仍發揮著極為重要的作用。

清前期江西的漁業生產分布，依然集中在九江、南康、南昌、饒州四府的河湖地區。與明代相比，九江府轄區的漁業經濟雖然有所衰落，但仍具相當規模，其中以德化縣最為發達，瑞昌、彭澤、湖口諸縣次之。南昌府的漁業則主要集中在南昌、新建二縣，其漁業生產尚能與明代基本持平。此外，九江、湖口一帶為鄱陽湖水系匯注長江之所，是天然的魚類繁殖產卵場地，魚苗捕撈規模巨大，因而在明代即成為長江中下游地區最大的魚苗生產基地和販運集散地。這種情況，在入清以後依然未變。

自康熙朝開始，隨著國內形勢的逐漸穩定，加之政府採取招墾等一系列措施，江西社會經濟開始緩慢恢復，商品交換日趨活躍，促進了城鎮和農村市場的繁榮。清前期江西城鎮的發展，首先體現在以南昌、九江為代表的中心城市生活設施的修復和建設，其城市發展進入一個新的歷史階段。除了繼續擁有行政和軍事等功能外，這些中心城市在一定程度上還具有商品中轉碼頭的作用，經濟、文化的功能也日益增強，且至嘉道年間體現得最為明顯。商品交換的活躍為城鎮發展提供了堅實基礎，各地出現了一批專業化較強的市鎮，其中以號稱「四大鎮」的樟樹鎮、河口鎮、景德鎮與吳城鎮最具代表性。它們不僅具有繁盛的商業貿易和較高程度的專業化生產能力，還對周邊地區形成很強的經濟輻

射，並在全國市場流通體系中占據重要一席。康乾以來，隨著越來越多的農產品進入交易領域，江西農村市場出現了繁榮景象，墟鎮數量亦日益增加，墟市商業化程度提高，集期逐漸頻繁，農村市場網絡得以形成並逐步完善，江西鄉村的各種農副產品由此進入更大的流通網絡。這些處於不同層級和類型的市場雖無直接的統屬關係，但在商品的實際流通過程中相互聯繫，各自發揮功能，形成一個有機的市場體系，促進了江西經濟與外部世界的交流和互通。至清中葉，江西農業種植更為專門化，農產品大量商品化，商業性的農業日益興起。與此同時，全國範圍內的區域性生產分工日益明顯，區域間的商品交換發展到一個新的水平，江西與周邊省分的商貿也呈現繁榮景象，江西形成以其傳統的糧食、苧麻及夏布、煙葉、木材等大宗農副產品，與周邊省分換取江西緊缺的棉花（棉布）和食鹽的基本商貿格局。

隨著農村市場商品流動頻率的提高，市鎮人口的流動也在加快，外來人口增多，人口構成日益複雜，加之市鎮多處要衝，因而成為地方官府加強管理的重點，一些較大市鎮也成為官方非常設機構的駐扎地。清代江西農村墟市的管理機構，主要由官方的進駐機構、牙行和牙人以及鄉族組織構成，市場管理體制呈現更為多元的趨勢。這一特徵，既是清代江西商品經濟發展的必然產物，又是地方政治結構變化的結果。在這個管理體系中，民間文化往往發揮了重要功能。許多廟會與地方墟市互為一體，承擔墟市管理職責的既不是宗族，也不是行會，而是圍繞某個神靈而形成的會社組織，一些神廟活動常常被民眾用來維護市場秩序。

四

　　順治九年（1652 年），清王朝借鑑明朝治國經驗，將朱元璋的《聖諭六言》頒行八旗及各省。康熙九年（1670 年）又向全國頒布《上諭十六條》，雍正二年（1724 年）再將「十六條」擴展為十六篇「訓言」，世稱《聖諭廣訓》。清朝宣傳以孝治天下的政治思想綱領由此而逐漸完善，並與明以來的鄉約制度相結合，建立了一種自上而下的聖諭傳導系統，定期宣講，使之深入廣大鄉村地區，成為清代地方施政的要目之一和鄉民群體活動的內容之一。《廣訓》對建家廟、置義田、辦家塾、撰修譜牒和舉行家族祭儀等都給予肯定和提倡。從雍正四年開始直到道光朝，江西還切實推行了「族正」制度。族正先由家族選舉，再經州縣查實後給牌認定。族正的首要職責即按照《聖諭廣訓》推行孝治，還須配合保甲維護地方治安，族正及其家族還被賦予一定的實行家法（私法）的權力。乾隆前期在江西大力推動族正制度，促進家族建設並產生深遠影響的是江西布政使陳宏謀。自清廷到各級官員的這些理論倡導和具體措施，對入清以後江西家族制度的繼續發展和強化，具有十分重要的推動作用。特別是在平原河谷地區耕種生息的土著居民，聚族而居成為其聚落的基本形態和日常生活內核。到雍乾時期，江西修建祠堂和編修譜牒已是普遍現象，各地建立祠堂的規模、數量及祭祀的祖先世代等，都逾越了清朝國家的制度規定。乾隆二十八年（1763 年）滿族人輔德繼任江西巡撫，他對江西普遍出現的合族建祠，妄聯姓氏，進而斂財爭訟械鬥等行為十分反感，特別是大批合族祠堂進入省、府中心城市，「竟為聚訟之地」，已經成為影響地方治安和統治秩

序的負面因素，引起官府的深切擔憂。為此輔德奏請在江西採取「毀祠追譜」的措施，得到乾隆帝批准。隨後江西各地官府對各姓祠堂和家譜都有不同程度的清查，這對家族建設歷有傳統的江西民眾來說，震動很大，民間社會生活受到一定程度的影響。但乾隆朝並無特殊的修譜禁例，地方官府雖有朝廷功令的壓力，但要想清查汗牛充棟的各姓家譜，顯然力不從心；即便有所動作，也只能收一時之效。

各地修建祠堂和普遍修譜的最重要也是最基本的動力，來自清康熙朝以後百餘年間的社會穩定和經濟的進一步發展，各地人口不斷增加，家族擁有的財富總量有不同程度的增加，各地家族之間為了獲取生存資源而產生的摩擦和爭奪也比以前加劇，所以祠堂日益成為聚集更多族人於此祭祖、議事、歡宴進而加強認同的一個公共場所。各姓家譜如同地下湧流一般，按照現實需求和各種變數不斷編修，在鄉民的日常生活中已經不可或缺。清代江西民間的祖先崇拜與一些重要的歲時祭祀聯繫在一起，其中特別重要的如清明掛紙與中元超度亡魂，冬至祭祖與祠堂上譜，以及一般自農曆小年（臘月二十四日）開始，直到正月十五鬧完元宵的新春期間舉行的各類祭祖活動等等。這些重要活動的理論依據和「說法」，是因為在現實生活中的子孫們堅信一種觀念，即已故的先祖們並沒有與他們分開，還在注視著子孫在人間的各種行為，給予後世蔭澤，因此子孫們也必須給予回報。除了日常的祭拜外，還應在特定時節為先祖送去各種物品，以示誠意和追念，以求祖先在天之靈的蔭佑。這樣，在濃郁的節日氛圍中，廣大鄉民不僅可以表達他們的精神期盼，也能在辛苦的勞作之後享受收

獲的喜悅，尋歡作樂的天性得到一時的放縱。

　　基層民眾生活的相對富裕和穩定，民間崇拜和祭祀活動的傳統得以維護和延續，鄉村文化生活趨於豐富，構成清前期江西經濟發展和社會穩定的重要基礎。江西的許真君崇拜歷史悠久，明末以來全省出現了許多萬壽宮，並逐漸形成一個以南昌西山萬壽宮為中心的祭祀網絡。這個祭祀網絡在商業、移民等因素的作用下，又擴散到全國各地。許真君崇拜的形象和內涵也在發生變化：最初只是與治水相關，但隨著官紳、商人以及廣大民眾與許真君崇拜發生聯繫，其內涵變得更為多元，最終成為江西人崇奉的「普天福主」。在各種不同社會力量的共同塑造下，萬壽宮成為各種地方利益集團共享的象徵性文化資源，逐漸形成以西山萬壽宮為中心的區域文化網絡，並借此將不同地域的不同利益集團聯成一體。這一演變，集中反映了明末清初以來江西地方權力體系的跨地域整合趨勢，以及江西與其他省分在經濟和文化上不斷交融的歷史過程。

　　水神是清代江西民間崇拜體系中非常重要的組成部分。除了最初的許真君外，還有源自新淦縣的「蕭公」、清江縣的「聶公」以及都昌縣的「元將軍」等崇拜較為普遍。這樣一些原本是地域性的神祇，也在商業、漕運等因素影響下，逐漸沿著商路和漕河擴大到全省甚至江西以外地區，成為很有影響的水神崇拜。此外，還有被視為忠義化身的「康王」和作為驅蝗神的「劉將軍」，也在江西受到普遍崇奉。江西民間諸神崇拜的流布與傳播，也與清政府繼承前朝「神道設教」的宗教政策有關。國家與基層社會在精神生活和習俗層面基本避免了剛性衝突，一般情況

下彼此相安無事。

民間行業神的出現，是社會分工不斷細化和地方經濟發展的結果。而遍布各地鄉村不同名目的房頭神崇拜，則與特定空間的人群相關，基本上可謂一村一神甚至一村多神，其形象和裝束各不相同，有著不同的來由和故事，與廣大鄉民的日常生計和精神生活有著最為密切的聯繫，並直接影響著當地一些民俗活動的時間、場合及名氣的大小等。在這個意義上說，越是家族活動富有活力，神祇崇拜及其儀式豐富多彩的地方，越是會被眾人公認為「有文化」而聲名遠播，越有可能成為一片地域社會的中心和執牛耳者。而更重要的意義在於：民間崇拜作為一種文化傳統得以傳承不替，其最本質的根源來自普通百姓的日常生活，來自相對非制度化的家庭與社區內部的耳濡目染。作為一種表達方式，民間崇拜和儀式常常相當穩定地保存著在其演變過程中所積澱的社會文化內容，更深刻地反映了鄉村社會的內在秩序。

五

明清鼎革，江西各地不少志士拒絕和新朝合作。他們曾經避居山林，耕讀授徒，反思學問，相互砥礪，形成獨具特色的明遺民群體。寧都翠微峰的「易堂九子」、南豐程山的謝文洊及「程山六君子」和星子髻山的「髻山七隱」，是清初江西境內遺民群體的著名代表。「三山」諸子中的大多數人都經歷了較長時間的隱居生活，在志節和人格方面操持甚嚴，但沒有忘記肩負的社會責任，並未放棄對地方事務的熱心，其中一些人交遊頗廣，甚至游幕當道，這不僅與當時盛行的實學之風完全吻合，實際上也有

關心民瘼和穩定地方社會的意義。他們不但在深刻反思明亡教訓的基礎上提出自己的政治見解，而且針對各種社會弊病探索濟世救民的方案。但在如何解決當時社會問題的途徑或方式上，「三山」諸子卻有不同設計。江西其他的明遺民人物還有陳弘緒、徐世溥、王猷定、歐陽斌元、八大山人（朱耷）、賀貽孫、張自烈及劉淑英等。他們當中有不少是晚明官宦子弟，年輕時已是聞名於地方的聰明才俊，在晚明講學結社的氛圍中多與四方名流交接，占盡風頭，故而在明朝傾覆後痛不欲生，追思故國，愛恨交織的複雜心緒使之五內俱焚，入清後絕意仕進，屢薦不起。但已經很少採取逃入深山，「不食周粟」的極端措施，而是懷有存史的強烈願望，雖不出仕卻不放棄「立言」機遇，所以留下如《江變紀略》、《南昌郡乘》等一批史料價值極高的清初地方史料，從中也反映出他們對實現「經世致用」理念的一種追求。

　　清前期江西科舉成績較明代有明顯下降。雖然舉人錄取名額仍居全國前列，但考中進士的人數比重則與舉人錄取定額的排名不符，而且三甲進士比例偏大，降低了清代江西進士考試成績的含金量。然而，江西一省科舉總體狀況下降的趨勢，並未導致江西士人追逐功名的熱情降低。所以如此，原因是多方面的。其一是因為每屆科考對江西的舉子而言，可以考中的比例相對其他一些省分而言，還是比較高的，千軍萬馬之中，每屆必定有勝出者，科舉考試自宋以來對民間精英產生的強大吸納力，到清朝依然存在；且隨著清王朝的日益強盛，這種吸納力還有加強之勢，江西士人自然不甘落後。其二是江西許多的州縣自宋代以來，參與科舉、提倡讀書和對「有文化」的贊頌，和對地方「傳統」的

宣揚與標榜完全融為一體，早已變成鄉民改變自身命運的最高價值追求和憧憬，形成一種深入鄉民日常生活的強大慣性運動。這種慣性運動產生的直接效果之一，就是使一大批家境溫飽的農家子弟可以在包括私塾在內的學習環境中讀書識字，使民間的識字率處於一個相對高的水準，由此也為鄉村培養了一批粗通文墨但可滿足日常生活需要的文化人，譬如轉而行醫做鄉村郎中，或學做訟師幫人打官司，或學習堪輿之術為人看風水相陽宅陰宅。最起碼的還可以寫信讀信，可以寫買賣交易的文契，逢年過節可以寫一手不錯的春聯佳對等等。如果從這個層面來考察，那麼完全可以說清代江西民間社會中依然潛藏著科舉考試的深厚社會基礎和巨大動力，未有衰減。其三也是很重要的一點，即在清代江西鄉村普遍聚族而居的社會生存系統中，科舉考試往往是一些大姓巨族掌控的重要政治資源。這種政治資源的掌控越是長久，越有助於他們在地方上獲取更多的聲譽、權力和利益，所以深為這些大姓巨族所驕傲和看重。清前期江西各地都不乏累世科甲者，無論是科甲聯芳的祖孫進士、父子進士，還是棠棣同榮的兄弟同榜、兄弟聯榜，以及幾代之間的一門多進士，他們因此而形成遠近聞名的「進士家族」。至今在江西不少村落中，清代豎立的標榜功名業績的旗桿石屢屢可見，還有數量極多的家族譜牒，詳細記載了各姓子弟清代中舉的「捷報」與名人軼事。從其歷史淵源考察，不少家族的科舉活動可以上溯到明代；從其家族內部的中舉人士分布看，往往不是均衡產生而是集中在某幾個房支。這些歷有科舉傳統和優勢的家族房支，更加著意培養和激勵其子弟生生不息地發憤念書，參加科舉。長此以往，不僅形成其自身的一

種「文化」和「傳統」，也凝結成人所共知的稱頌性口碑，在觀念或印象上則形成某姓（家族）──地域（村或鄉）──科舉（仕宦）三位一體的重疊。清前期，隨著科舉制度的全面恢復，各地新的科舉精英一批批湧現，用詩禮傳家的耕讀方式一再造就一個個顯赫的科舉家族。直到晚清廢除科舉之前，這樣一種基本狀態和追逐熱情在江西始終存在。有所變化的，只是不同姓氏（家族）在這種科舉競爭中的升降消長，或是科舉人數的排名多少在不同府縣之間的易位而已。

順治至康熙前期，由於江南地區戰亂不斷，社會動盪並未平息，清王朝還無暇充分展開對思想文化的系統清理和整肅。雍乾以後，特別是隨著《四庫全書》編纂的展開，作為學界主流的考據學家在提倡「經世致用」的同時，幾乎都對「江右王學」發起猛烈批判，且必定上溯陸王以期正本清源。清前期對王學空疏的反動，既是時代之大變使然，本身也是易代之變在思想領域的重要組成部分和具體表現之一。但在此同時，考據學家幾乎是習慣性地將明儒之「空疏」與「江右」這一地理和文化空間相聯繫，進而從地域文化的品質方面，對江西文化人加以整體批判甚至否定，這對雍乾以後江西地方文化的發展產生的負面影響甚大。但是就總體比較而言，乾嘉時期的江西學人的確很少有人致力於考訂之學，與此時江西舉業依然吸引大批學子並於功名多有收獲的價值取向，形成明顯的對比，也是不爭的事實。當乾嘉學者致力於經史考訂，構成清前期中國學術思想界的主流之時，江西（「江右」）則逐漸失去了自北宋至明代中期中國的一個文化、思想創造地的地位，而逐漸地被疏離和邊緣化。如果換一個角度

觀察，清前期在哲學思想、治學方法等方面的學術流派分野，也同時轉化為不同區域的思想文化發展走向的問題。高下深淺，可圈可點，耐人尋味。這種深刻的變化，對直到近代江西在思想創造方面基本乏善可陳，深入的科學研究難成風氣，學術建設長期後勁不足，學者隊伍弱小的狀態形成，不無深刻影響。由此也可見，清前期江西在思想、學術領域的逐漸邊緣化態勢和江西士人追逐功名，投身舉業的熱情已經皎然分途，人們完全不可將清前期江西的「學術」和「科舉」混為一談，等量齊觀。

當對「江右王學」的聲討日益成為雍乾強音之時，江西臨川籍顯宦和著名學者李紱特立獨行，終生以鬥士姿態不畏逆境，在各種場合對陸王之學加以倔犟申論。李紱博聞多識，著述宏富，雖然喜好辯論朱陸異同，但一向不以理學家自居，而且在講論為學等問題上並不完全附和陸王。李紱以躬行實踐為行事準則，言必有據，是最將學識落實於日常行為的本色人，故而可以做到無畏無懼，被時人視為雍乾時期陸王之學的殿軍和最後一位代表人物。因此，他的倔犟申論就不僅僅表現為學術之爭，而是更體現出其政治道德的磊落和個人品行的正直。然而在當時，只有全祖望、袁枚等人對李紱的學識和人品加以讚賞和傳頌，直到道咸以後，學人對李紱學問和人品的評價才逐漸提高並趨於客觀。

處於清代國家認可和控制之外的一些江西民間教派，始終被視作「邪教」並加以打擊。入清以後，江西邪教逐漸盛行，其中大乘教表現尤為活躍，影響六府近四十個縣，集中在江西的北部和南部，還波及浙江、福建、湖北、湖南、廣東、貴州和四川等七省，影響到鄉村民眾的日常生活，對清王朝的統治秩序構成威

脅。清代江西邪教得以流播的原因較多，包括地理交通和經濟因素、政治制度和官僚體制的缺陷、人口流動及身份控制的弱化、經卷的通俗性與教義的麻痺性等方面。清廷和江西地方政府採取了加強立法、強化保甲制度、考核並獎懲官員、搗毀聚集場所、區別對待教首和教徒等各種手段，對邪教予以控制和打擊。為樹立君主專制和滿清貴族統治的絕對權威，自康熙朝開始制造全國範圍內的文字獄，於雍乾時期達到鼎盛，江西成為重點區域之一，較為典型的有查嗣庭案、胡中藻案、王錫侯案、劉震宇案、李必亨案等。在查辦文字獄的過程中，乾隆通過編纂《四庫全書》銷毀了大批典籍和著作刻版。清前期江西繳毀書籍四五二種、二七四〇〇餘部，數量僅次於江蘇。列入「違礙」、「狂悖」等罪名的書籍，內容大多是涉及明末反清戰事、清兵屠殺暴行、行文未予避諱等。較為典型的有李紱書集案、袁繼咸《六柳堂集》案、沈大綬《碩果錄》案、黎祖功《不已集》案等。

　　清前期江西的宗教信仰演變呈現出多元的走勢。上層佛教在經歷了清初的短暫復興後，逐漸呈現衰落趨勢。江西道教的主流是正一道和全真道，清初這兩大道派在政府抑揚並行的政策下，經歷了一個相對穩定的發展時期。從國家制度層面和教派衍變的角度考量，江西這兩大道派從乾隆朝開始均顯現出衰敗態勢；但從社會生活的角度觀察，江西的道教則日益走向民間，開拓出更為廣闊的活動場景。典型的如崇祀許真君的各地廟宇，無不與當地百姓生活聯繫在一起。至清後期，為數眾多的香會組織前往西山萬壽宮進香，使之成為全省性的民間信仰中心。與此同時，隨著宗族與地方士紳成為重修南昌青雲譜道院的主導者，青雲譜在

地方社會的地位也日漸提升，至清末已經成為地方士紳活動的政治舞台，轉化為地方權力中心的象徵。此外，在撫州各縣，普遍建有供奉「三仙」的宮觀，其中南豐縣的軍峰山、宜黃縣華蓋山的三仙宮影響最大。自清中期開始，這些道家宮觀逐漸與村落組織和基層行政組織互為一體，使道教逐漸融為江西民間社會生活的有機組成部分，獲得新的活力。由於交通路線及傳教歷史等原因，自從明末利瑪竇率先進入江西並開闢天主教之後，天主教傳教士在江西的傳教從未間斷。清前期陸續有一〇〇多位外國傳教士在江西活動過，其中耶穌會士就有八十名。盡管清王朝的天主教政策不斷變化，時禁時弛，教案屢興，但江西天主教仍在艱難發展，並逐漸擴散到全省各地，形成了幾大教區。清前期江西在開闢新教區、建設教堂和發展教徒等方面，在全國都占據十分重要的地位。

伴隨著社會逐漸穩定與經濟繁榮，清前期江西的文化藝術也進入一個新的發展階段。在戲劇與繪畫領域的成就，達到一個新的高度，分別出現了蔣士銓與八大山人、羅牧等代表性人物；地方戲亦呈現出勃興態勢，形成了東河戲、西河戲、寧河戲、饒河戲等大戲。採茶戲亦日益成熟，並衍變出全省東、南、西、北、中五大區域的採茶戲。從康熙朝開始，江西各地的書院建設也得到緩慢發展，至乾隆朝官府取消了對書院的禁令，對建設書院者進行獎勵，江西各地的書院建設更有新的舉措，尤其是白鹿洞書院長期得到地方官和各地學者的支持，其建築規模和學術地位均呈現出新面貌。在醫學、建築等科技領域，也分別產生了以喻嘉言為代表的一大批名醫和如「樣式雷」這樣傑出的清代宮廷建築世家。

目錄

第六章｜清前期江西的文化、藝術與科技

第一章 ———

清軍對江西復明活動的鎮
壓及清政權統治的確立

清順治二年（1645 年）四月下旬，李自成率領的大順軍在江西九江附近遭受清軍重創，被迫穿過江西西北部進入湖北。不久，李自成在通山縣九宮山下遇襲身亡，此後，只有殘餘的大順軍兩次占領寧州和在瑞昌、武寧、新昌（今宜豐縣）短期過往的記載。[1]順治二年到五年，先後有弘光、隆武、永曆等三個南明小王朝影響江西戰事，其中隆武朝節制下的贛州保衛戰長達五個月之久，是江西境內南明軍民抵抗清軍時間最長的一次戰役，作戰英勇，犧牲慘烈。另外，江西東部撫州、建昌二府的抗清力量，則以原本分封於建昌府（治今南城縣）的益藩王為旗幟，但規模小，很快失敗。順治五年，史稱「戊子之變」的金聲桓、王得仁起兵反清，造成很大震動。但他們沒有採取北進以圖大業的方略，而是揮師南下，圍攻贛州城三個月後無功而返，並且很快被清軍包圍於南昌城中。八個月後城破兵敗，金、王死難，南昌遭受殘酷的屠城，損失重大。順康之際，為了修復殘破的社會經

1　參見《寧州志》卷一《祥異》；卷五《列傳・宦績・萬仁傳》，康熙十九年版。另外在江西北部地區一些新修方志還整理出大順軍在當地出沒的行蹤。如《瑞昌縣誌・大事記》載：「順治二年夏初，闖王李自成軍一部，由德化（梁按：今九江縣）退入縣境，迷路過堰山棧道（原註：今大塘堰處），人馬驚墜淹溺千餘騎。走羅城山，輜重委棄如山，婦女散失數千。」（朱漢回、張旭明主編，新華出版社 1990 年版，第 12 頁）還有《武寧縣誌・大事記》也有類似記載，但在時間上誤寫為「順治元年」。（涂兆慶、張鏡淵主編，江西人民出版社 1990 年版，第 10 頁）另據《明史》記載，李自成被殺後，有「部下散掠新昌（今宜豐縣）境」，被唐王擢為右僉都御史、提督江西義軍的新昌人陳泰來打敗（《明史》卷二百七十八《陳泰來傳》，中華書局 1974 年版，第 7125 頁）。

濟，穩定剛剛建立的清朝統治，清江西官府採取了一系列舒緩民困、恢復經濟的措施，主要是招徠流民開墾荒地，蠲免歷年錢糧逋欠，鼓勵民眾進入城市居住等等，其中影響很大的一個舉措是清理了瑞州、袁州、南昌三府延續三百年之久的浮米問題。康熙十二年（1673 年）底發生的三藩叛亂很快波及江西，先後有三十多個縣、府出現起事和變亂，其中湖西地區再度成為戰亂的重災區。清軍花費了很大力氣鞏固後方，確保江西居吳楚之間的戰略樞紐地位。為此，清軍還在袁州府迅速驅趕了大批棚民，此舉影響很大，從平叛的角度考察，值得肯定。江西境內曠日持久的拉鋸戰，不僅再次對社會經濟造成很大破壞，而且也引發清廷對江西具有的重要戰略地位及其民情重加認識和評價。順康之際，一批江西地方菁英參加了科舉考試，參編了八十多種地方誌。在特殊的時代條件下，修志者盡量收集晚明史事，採用「春秋筆法」記載了一批抗擊清軍的地方名人事蹟，以及數十年戰亂給地方民眾帶來的巨大苦難等。而他們參與修志本身，既是對明代以來地方文化傳統的一種延續，也是對清朝統治逐漸認同的一種表示。康熙朝官府新修方志的重要用意之一，則是通過記錄各地殉難的忠臣節烈事件，證明此時清王朝已經有了一批忠於自己而不僅僅是忠於前明君主的漢族臣民，由此而增強其統治的自信。

第一節 ▶ 清軍對江西的攻占及南明政權抵抗的失敗

一　左良玉部的叛降與金聲桓攻占江西州縣

弘光帝在南京登基後，為了防備占領四川的張獻忠軍順長江東下，任命與東林黨有聯繫的江西宜春人袁繼咸總督江西、湖廣、應天、安慶軍務，駐紮九江。[2]袁又致書說服當時江南最有實力的將領左良玉，共同組建抵禦張獻忠東進的防線。左良玉手下有正規軍五萬人，如果包括一批收編的農民軍在內，號稱有八十萬兵馬。他被弘光帝封為「寧南侯」，在其轄區內有穩定的徵稅收入。不久，弘光朝臣中又先後爆出「童妃案」、「假太子案」，朝野震動，使得南明政權的合法性和聲譽大受損害，人心更加離散。因黨爭被剋扣軍需用項的左良玉，對撲滅馬士英、阮大鋮的勢力久有計劃，遂以接到崇禎帝「太子」密諭「清君側」

---

2 以往史著中通常稱袁繼咸此時的官職為「湖廣總督」。一九八七年三月，在江西九江縣新合鄉出土崇禎末年關薊總督、兵部右侍郎（德化縣人）趙光抃墓誌。撰寫墓誌者正好是當時駐節九江的袁繼咸，時間在南明弘光元年（亦即順治元年，1644 年）正月，當是最接近袁繼咸死難前的一篇文字。墓誌末尾袁自署官職為「欽命總督江楚應皖等處剿寇事務兼理糧餉，兵部右侍郎兼都察院右僉都御使，通議大夫」，與《明史》袁繼咸本傳和呂大器本傳的記載大致相同，而比《明史・職官志二》的記載準確。（分別見《明史》卷七十三《職官志二》，第 1775 頁；卷二百七十七《袁繼咸傳》，第 7086 頁；卷二百七十九《呂大器傳》，第 7142 頁）。詳見劉曉祥《明末關薊總督（志）趙光抃墓銘》，《南方文物》1989 年第 4 期。

為名，立壇誓師，於弘光元年（亦即順治二年，1645 年）四月十九日從武昌率軍沿長江東下，直逼南京。

四月二十六日，左軍到達九江。左良玉對駐軍九江的袁繼咸有所提防，遂通過袁的舊友胡以寧與之聯繫，並借太子密諭之名調袁到左軍兵船上，聲稱部署三十六總兵的軍事行動。袁上兵船後，其所轄呂督師、郝效忠、郭云鳳部卻乘機焚掠九江，左兵附從。此時左良玉已患重病，失去了對軍隊的控制，並於幾天後在船中嘔血而死，軍權轉到其子左夢庚手中。袁繼咸被扣為人質，被迫隨左軍繼續東進。為防堵左軍對南京的進攻，弘光帝調回了本來在揚州前線抗擊南下清軍的史可法，指揮黃得功部在安徽銅陵部阻擊左軍，使之撤回九江。

五月十日，弘光帝棄都城南京出逃，在安徽蕪湖被手下叛將擒獲交給清軍，一年後被處死。五月十五日，留在南京城內的三十餘名南明大臣及數十名軍官開城投降，弘光小朝廷最後覆滅。此後，陸續降清者還有一五〇多名南明軍官和二三八四〇〇名士兵。閏六月，駐紮在東流縣長江江面的左夢庚率十二總兵、馬步兵十萬人及船舶四萬隻投降，受降的是清軍靖遠大將軍和碩英親王阿濟格部。袁繼咸在軍中被俘後押解北去，誓不降清，於次年被殺害。

阿濟格令左夢庚以其父之職率諸將入朝，其部將金聲桓則另有打算。金聲桓世襲遼陽衛出身，曾在楊嗣昌、史可法麾下帶兵，升至淮徐總兵官，此時隸屬左軍後隊。金聲桓向阿濟格提出，願意率部攻取江西獻給清廷，而不勞滿族軍隊出一兵一卒。此議得到阿濟格許可，清廷也實授金聲桓提督江西全省軍務總兵

官的官銜，被授副總兵的是原李自成大順軍部的降將王體中。金、王遂合營屯守九江，繼而揮師向南進發。此後，清軍攻占江西各州縣的戰事，主要是金聲桓和王得仁指揮其部隊進行。金聲桓借清軍聲威，向江西各州縣頻頻通令招降，否則即以屠城相威脅。弘光朝原任江西巡撫曠昭解印而棄省城，逃往瑞州（今高安一帶），南明官員和城中士民也紛紛出城避難，南昌成為一座空城。六月十九日，金聲桓率軍進入南昌。此後，金聲桓籠絡王體中部將王得仁殺死王體中，最終招誘其部歸附了金聲桓。

不久，原任江西巡撫曠昭逃至萬安縣境後被清軍俘獲。九月，擔任招撫江南各省地方總督軍務兼理糧餉的洪承疇向清廷奏報：江西的南昌、南康（治所今星子縣）、九江、瑞州（治所今高安市）、撫州（治所今撫州市）、饒州（治所今鄱陽縣）、臨江（治所今樟樹市臨江鎮）、吉安、廣信（治所今上饒市）、建昌（治所今南城縣）、袁州（治所今宜春市）等府俱已平定。此後，一些抗清武裝力量又有反攻，先後奪回撫州、吉安等城池。

到順治三年（1646 年）正月，清軍復占撫州，並俘虜了正向建昌府逃亡的南明永寧王及屬官九十餘人。五月清軍攻克吉安，迫使南明江西總督萬元吉退保贛州。金聲桓還集中兵力進剿鄱陽湖一帶的抗清武裝，俘獲明藩王朱常淓及義軍首領了悟和尚、赤腳黑先鋒等。整個順治三年，在江西東北部和東部的安仁（今余江縣）、萬年、餘干、瀘溪（今資溪縣）、弋陽、鉛山、崇仁等地，先後都發生了抗清的戰事，有時還使清軍感到吃緊，各地抗清力量「聞風愈熾」，但在金聲桓和清江西巡撫章於天指揮的進攻下，逐個被撲滅。

隨著江西戰事逐漸向南推進，清廷先派來兵部尚書兼都察院右副都御使、翰林院侍讀學士孫之獬提督江西軍務，招撫江西。繼而著手配置新的省一級文官系統，先後任命了江西巡按、江西道試監察御史、江西巡撫、江西道監察御史等，以加強對新占領地區的管理，同時也有加強監督清軍將領的用意。順治二年十月，實授金聲桓為左都督，充鎮守江西總兵官，後又授其江西提督總兵官之職。到順治三年三月，清廷向江西、湖廣二省發出諭令，將擔負招撫之職的兵部大臣孫之獬、江禹緒調回北京，原因是這兩個省「督撫鎮臣，已經全設，地方漸寧」。這說明新入主的清朝江西省級文官系統和軍事指揮系統基本建立，兵部大員統領地方軍政大權的階段即行結束。[3]

二　以益藩為旗幟的撫、建二府抵抗

南昌失陷之後，從南昌逃出的省府官員，加上明朝分封於江西各地的一些朱姓藩王，以及因為各種原因散處鄉村的在籍官員與鄉紳，先後在地方上組織抵抗清軍。其中比較有影響的抵抗，先出現在江西東部地區。明朝江西三大藩王之一的益王分封於建昌府（今南城縣），此時的益藩王朱由本之長子朱慈炲[4]，為明憲

3　見《大清世祖章皇帝實錄》卷二十五，「順治三年三月癸未」條。兩個月以後，順治又下詔：「撤各省招撫官吳惟華、黃熙允、丁之龍、謝弘儀還京。」見《大清世祖章皇帝實錄》卷二十七，「順治三年五月己酉」條。

4　陳文華等人有考證認為：南明史籍多記載益藩王為朱由本，而江西出土的《益定王朱由本擴志》載明朱由本卒於明崇禎七年，故南明時起

宗第六子朱祐檳的七世孫，他將起兵抗清的具體指揮權委託給永寧王朱由楀、朱慈營父子與羅川王朱由柆兩個郡王。雲集於此的明朝官員則有原江西布政使夏萬亨、弘光朝被任命為副使分巡建昌府的王養正、建昌知府王域、建昌推官劉允浩和南昌推官史夏隆等。其部眾除了宗藩家人和在當地招募的鄉兵外，還有一支原本奉命入衛南京而因其失陷滯留建昌的雲南象兵。

‧廣昌縣驛前鎮所存使用「皇明隆武元年」紀年的施田碑（梁洪生攝）

　　閏六月，夏萬亨率軍迎擊清軍，在撫州兵敗失利，退守建昌。清軍隨之圍城，城中堅守三日，因有內奸協助清軍而城破，夏萬亨、王養正、王域、劉允浩、史夏隆等均被俘，押解至南昌後殺害，另有同死一人失名。建昌民眾後將六人屍骨裝殮合葬，墓碑上刻寫「六君子之墓」字樣，以表其忠。王養正之妻張氏聞訊後絕食九日而死，夏萬亨家人為之殉難者十餘人。

兵抗清的應該是朱由本之長子朱慈耍。見陳文華、陳榮華主編《江西通史》，江西人民出版社 1999 年版，第 554 頁頁下注 1，本文從此說。

益王東遁福建，得到福建總兵的接應。永寧王父子南逃寧都，聯絡連子峒士兵數萬，於十月收復建昌，繼而攻入撫州，與原本在此起兵抗清的曾亨應、揭重熙等相呼應。曾亨應，字子喜，臨川人，明崇禎七年（1634 年）進士。父曾棟，曾任廣東布政使。清軍占領南昌後，亨應命弟和應奉父入閩，自己與艾南英、揭重熙等策劃共守撫州城，募兵數百響應永寧王。不日清軍反攻，曾亨應被從弟出賣，與長子曾筠同時被俘，後皆不屈而死。曾和應得知兄長死訊後說道：「烈哉！兄為忠臣，兄子為孝子，復何憾？」拜辭其父，投井殉難。揭重熙，字祝萬，也是臨川人，撫州失陷後被唐王召往福州。撫州、建昌二府的抗清力量利用山地條件隱蔽自己，同時依託福建，進退於武夷山脈兩邊，因而得以堅持一段時期。這種時有進退的拉鋸戰，對當地百姓的生活必然產生影響，至今在原屬建昌府的廣昌縣驛前鎮賴氏祠堂裡，還可以完整地看到署時為「皇明隆武元年季冬重立」的「施田主賴公四十朝俸永囗」墓碑，說明在江西東部山區的一些村鎮裡，當時還是尊南明王朝為正朔。但到順治三年（1646 年）正月清軍復占撫州並俘虜永寧王后，江西東部的抗清聲勢大挫。

順治三年二月時，孫之獬還曾向清廷奏報，歸順了清朝而聚居南昌的明故宗室達數千人，令其擔憂。孫之獬建議把這些人分散到江西其他城市中去，圖謀不軌的則遷往北方或編入清軍營伍。四月，順治的旨意下達，除了沒有同意分散處置一條外，其他的都按孫之獬的奏議辦理，其中特別重要的是兩條：明故宗室的身分一概革除；明故宗室的祿田錢糧與民田一體起科，納入清朝的賦稅系統。這樣，遂從社會身分和經濟來源兩個方面徹底否

定了前朝宗室原有的各種特權，同時也大大削弱了這些朱姓宗室潛藏的政治影響和號召力。另外，清廷對江西宗室的處置辦法還帶有政策轉變的標誌性意義：從弘光政權覆亡及清軍占領江南地區以來，清廷一方面用「賞銀令致仕」的辦法，不斷清除各級官府中的明宗室人員；另一方面還是對歸降的明宗室實行一些優待措施，如順治二年七月還規定：「歲給故明宗室贍養銀兩地畝：親王銀五百兩，郡王四百兩，鎮國將軍三百兩，輔國將軍二百兩，奉國將軍一百兩。中尉以下無論有無名封及各王家下人丁，每名各給地三十畝。」順治三年正月，又「定故明宗室恤典」，對親王、郡王、將軍及其妻、母的祭葬，分等級撥給銀兩和祭田，且定守墓人數從八人到四人不等。這些舉措，與清廷在北京和北方地區對崇禎帝和其他宗藩的禮遇有著內在的聯繫，而且對瓦解南方各地朱明宗室的武裝抵抗不無作用。但隨著清軍對江南地區的占領越來越穩固，對朱明宗室更多的是採取打擊措施，其中也折射出清廷對明代宗室問題引發的許多社會弊端的認識。在批覆孫之獬奏章後不久，順治帝再諭戶部，強調「運屬鼎新，法當革故。前朝宗姓。已比齊民」，再次表明新朝君主對前朝宗室的否定，也是其除舊布新的必然舉措之一。

三　隆武朝節制下的贛州保衛戰

　　南昌陷落之後，贛江中上游地區的抗清力量紛起，尤其是贛江以西地區各州縣，明朝原來任命的地方官多數仍在履行守土之責，所以抵抗活動也較有組織性，並且得到原籍江西的崇禎、弘光兩朝名宦的支持。其中典型的如楊廷麟，清江人，字伯祥，崇

禎四年（1631年）進士。曾任兵部職方主事，贊畫軍務，後遭貶斥在家。聞知京城失守，廷麟慟哭，在家鄉募兵勤王。福王立，薦廷麟為左庶子而推辭不就。所募兵勇健兒又遭到宗室誣劾，指責他欲與姜曰廣聯手圖謀不軌，募兵被迫遣散。

　　弘光朝覆亡後，南方地區繼而出現了兩個朱姓藩王政權。一位是原本分封在山東，後來徙居浙江台州的魯王，在浙江紹興即「監國」位，史稱「魯監國」，受到浙東地區抗清人士和軍隊的擁戴。另一位是原本分封於河南，後被徙居廣西的唐王，名朱聿鍵，於順治二年（1645年）八月在福州即皇帝位，建元隆武，定福州為臨時國都。唐王是明末諸藩中最有能力的一位，從小歷經磨難，生活刻苦，果敢有為。他即位後馬上把登極詔書發往江西和浙西、皖南一帶，並給這些地區有可能成為復明領袖的著名人物頒發了大批徵聘和任命詔書，由此使唐王任用的文武官員遍及江西、兩廣、兩湖和四川。唐王最為器重的大學士黃道周與楊廷麟曾是同朝為官的好友，黃遂舉薦楊。唐王任楊廷麟為吏部右侍郎，劉同升任國子祭酒。楊、劉二人以贛州為基地，與巡撫李永茂等募集軍隊兵餉。九月，楊廷麟、劉同升率部在泰和打敗清軍徐必達部，並乘勢收復吉安和臨江（今樟樹市南部），唐王加封楊廷麟為「兵部尚書兼東閣大學士，賜劍，便宜從事」。

　　唐王一直看重江西戰場，並希望由此而與兩湖地區的南明軍隊連成一片，繼而在鄱陽湖與贛江流域戰勝清軍，繼續揮師北上。楊、劉收復吉安後，唐王任命繼任江西巡撫的萬元吉為南贛總督，駐守吉安，也藉以加強對贛州的防守，以確保從福建到江西和湖南的戰線暢通。順治三年三月，楊廷麟聞知唐王將從福建

汀州來贛州，前往福建迎接，軍務交由萬元吉統管。萬元吉，南昌人，素有才氣，涖事精敏，治軍嚴格。代守吉安後，他特別倚重在汀贛交界山區招降的「峒賊四營」，並因此而與駐守吉安的雲南和廣東軍隊關係緊張。「峒賊四營」是山民武裝，號稱「新軍」，又被贛州百姓稱為「撫（州）軍」。其軍紀敗壞，沿途搶掠，更引發雲南、廣東兩軍將領的不滿，軍心日漸渙散。[5] 待清軍再攻吉安時，城中守軍不戰自潰，「新軍」則因遠在湖西地區無法馳援，吉安因此失守。萬元吉率軍退守贛縣皂口，同時上諭極言雲南兵將棄城之罪，導致雲南軍隊自行離營西去。四月，皂口失陷，元吉退守贛州城，清軍乘勝追抵城下，開始合圍贛州。

此後，任江西巡撫的劉遠生和楊廷麟兩次前往雩都（今於都縣）調集「新軍」回援，都在梅林一帶被清軍打敗。到六月份，副將吳之蕃率廣東兵五〇〇〇人抵達贛州，城圍稍解，但很快又被合圍。唐王得知贛州城久被圍困，遣使勞軍，賜名贛州府為「忠誠府」，加封萬元吉兵部尚書銜，還派遣龍泉（今遂川縣）籍人尚書郭維經率領沿途募得的八〇〇〇名兵勇來援。另外，有萬元吉部將汪起龍率軍數千，雲南援將趙印選、胡一青率軍三〇〇〇人，大學士蘇觀生率軍三〇〇〇人，兩廣總督丁魁楚派兵四〇〇〇人分別來援。楊廷麟又收集散兵游勇數千人，均先後到達贛州，於城外紮營。率軍諸將請戰，萬元吉則堅持等待水師抵達後合擊清軍。但此時兩路水師共七〇〇〇人仍屯守南安府（治

5　參見《明史》卷二百七十八《萬元吉傳》，第 7119 頁。

今大余縣），不敢馳援贛州。至八月，清軍得知南明水師將至，乘夜堵截江流，焚燬明水師大船八十只，死者無數，舟中火藥器械盡失。兩廣與雲南兵皆不戰自潰，其他援軍也漸漸散去。參將謝志良率部萬餘人在雩都遲疑不進，楊廷麟調集廣西狼兵八〇〇〇人翻越南嶺，也未及時增援。至此贛州城中只餘部卒四〇〇〇餘人，城外僅有水師後營二〇〇〇餘人，前後苦戰五個多月，已經疲憊不堪。

九月底，浙東魯監國的軍事防線被突破，清軍翻越閩北浦城縣境內的仙霞嶺進入福建，隆武朝臣人心惶惶，私下向清軍乞降者竟有二百餘人。唐王見已無力抵抗，遂率眾從駐蹕的閩中地區延平縣起身，經順昌轉至閩西的汀州，準備由此進入贛州府境。但卻很快被清軍的前鋒部隊俘獲，幾天後與其皇后一起被殺。唐王兵敗被俘的消息傳到贛州，人心震動。萬元吉誓與贛州共存亡，禁止婦女出城逃亡。有家人私下將其妾縋城外逃，萬元吉派人飛馬追還，家人痛遭鞭撻，城中因此再無敢出城者。十月初三夜，清軍在一名降卒的帶領下登城，城內鄉勇只得以巷戰進行抵抗。黎明時清軍大批部隊擁入，城破失守。部將欲保護萬元吉出城，元吉嘆道：「為我謝贛人，使闔城塗炭者我也，我何可獨存！」遂投水塘殉難，時年四十四歲。楊廷麟也佩帶賜劍，投清水塘殉節。郭維經入嵯峨寺自焚而死，太常寺卿仍視兵備事彭期生自縊身死。被俘後遭殺戮的官員還有職方主事周瑚，通判王明汲，編修兼兵科給事中萬發祥，吏部主事龔棻，戶部主事林琦，兵部主事王其狁、黎遂球、柳昂霄、魯嗣宗、錢謙亨，中書舍人袁從鶚、劉孟鍧、劉應試，推官署府事吳國球，監紀通判郭寧

・順治十二年（1655年）荷蘭使節描繪的贛州城外遠景（選自包樂史、莊國土《〈荷使初訪中國記〉研究》）

登，臨江推官胡縝，贛縣知縣林逢春等一百餘人。兵科給事中楊文薦城破時重病在身，被俘後執送南昌，絕食而亡。而城中未戰死的武將，則全部投降了清軍。城中百姓或被殺死，或沒入為奴。時人有詩寫道：「諸君磊落忠義人，死去名節千秋新。可憐虔州十萬戶，日暮飛作沙與塵。」[6]追述了贛州城破之後的慘烈情景和民眾遭際。

贛州城東西可通湘、閩，向南可達廣東，是此數省之間抵擋清軍繼續前進的戰略要塞，無論得失，都會對整個戰局造成很大的影響，所以在防守過程中，曾有南明軍事力量四方來援。從參戰部隊的絕對兵力而言，無疑是當時江西境內最強大的南明軍事力量，加上唐王對贛州的節度和支持，所以抵擋清軍的時間也最

6　錢澄之：《虔州行》，《所知錄》卷一《隆武紀年》，黃山書社 2006 年版。

長。另外,指揮贛州城防的高級官員多是崇禎時的朝臣,再歷弘光、隆武兩朝,其正統性一以貫之,指揮抵抗的合法性和權威性遠比其他的小藩王和亂世稱雄者要強,對守城將士和民眾的人心凝聚和士氣鼓勵,都有不容忽視的重要意義。再加上贛州城二水環流,高牆臨江,易守難攻,因而可以固守近半年之久。贛州城保衛戰,是清初江西境內南明軍民犧牲最大也最為壯烈的一次抵抗。到清人修《明史》時,也對拚死一搏的贛州保衛戰讚歎不已:「自南都失守,列郡風靡。而贛以彈丸,獨憑孤城,誓死拒命。豈其兵力果足恃哉?激於義而眾心固也。」[7]保衛贛州的戰事幾乎與隆武朝相始終,共存亡,實際上成為南明政權第二階段的抗清中心。贛州城失陷後,武裝抗清的中心才轉入廣西。

四 與楚地互通聲氣的湖西抗清活動

清初江西贛江以西地區的抗清活動,集中發生於袁州、吉州、臨江三府,這片地區當時又泛稱為「湖西」,與明代湖西分守道的轄區在此有關。湖西地區的抗清活動,很大程度上形成湖廣地區(今湖南、湖北二省)抗清活動的組成部分。在左良玉九江兵變時,福王任命為總督湖廣、四川、雲南、貴州、廣西軍務的何騰蛟也被劫持,後來他投江才隻身逃出,轉移到湖南長沙建立新的總督指揮體系。他的一些部將和大批來源不同的散兵游勇重歸於他的麾下效力。而大順軍殘部中最有實力的郝搖旗與李

7　《明史》卷二百七十八,楊廷麟等列傳「贊曰」。

錦、高必正部，也與何騰蛟接洽，歸順了南明王朝。何統轄的兵力驟然增至十餘萬眾，聲威大震。遠在福州的唐王大喜，立拜何騰蛟為東閣大學士兼兵部尚書，封定興伯，仍命督師。何騰蛟隨即奏報黃朝宣、張先璧、劉承胤等一批軍官獲得封賞，並分別鎮守兩湖各戰略要地，時人稱之為「十三鎮」。何騰蛟依賴幕僚章曠整頓軍務，並倚重雲南的滇軍為其嫡系，最終在岳州以南地區建立了一條堅固的抗清防線。從順治二年（1645 年）初冬到順治三年初秋近一年的時間裡，何騰蛟還派兵援助江西西北部的抗清力量，並多次奏請唐王移駕贛州，以協力奪取江西。武功山脈東南部安福縣的劉淑英毀家抗清的悲壯遭遇，就與此有緊密聯繫。

劉淑英（1619-？年），自號木屏，又號個山，安福縣三舍村人。其父劉鐸在明天啟年間任刑部主事、揚州知府等職，因不滿魏忠賢專權迫害東林黨人，在扇上題詩被人告密，最終下獄處死。崇禎繼位後，宣布魏忠賢罪狀，追贈劉鐸為太僕少卿，諡「忠烈」。淑英發憤讀書，旁涉司馬兵法、公孫劍術、佛道經咒，無不精通。「操筆為文辭，蔚然可觀」。十五歲時與鄰村的寧夏巡撫王振奇之子王藹成婚，生活美滿。後王藹北上至其父親任所，不久死於異鄉，時年十八歲的劉淑英悲痛欲絕。明王朝覆亡後，劉淑英聞訊大哭，誓報國仇家恨。隨即盡散貲財，毀家紓難，招得士卒千餘人，加上王氏家族的僮僕等，自成一部，紮寨安營。劉淑英自佩利劍，從不離身。順治三年春，何騰蛟部下總兵張先璧從茶陵、攸縣向吉安出擊，駐兵永新縣，聞劉淑英之名而求見，並欲獲得資助。劉淑英開營門迎接張先璧，潸然淚下，

隨之慷慨論事，陳說大義，軍卒無不動容。次日劉淑英回訪，攜千金與牛酒犒軍。但在宴席上張先壁露出畏戰情緒，且表示欲娶劉淑英為妻。劉淑英大怒，拔劍欲斬先壁，先壁繞柱逃脫。兵卒蜂擁而上，劉淑英見狀大喝道：「你們怕我什麼？這樣膽小，還能上戰場赴湯蹈火嗎？你們想要我的家財嗎？我已經散盡招兵；你們想打我的歪主意嗎？這裡只有一個斷頭寡婦在！」繼而奮筆在牆壁上題寫詩句明志，然後面北下拜，說願追隨崇禎皇后，以此表示死意。張先壁見劉淑英凜然不可侵犯，羞悔不已，率部下叩頭請罪。劉淑英由此而知事不可為，萬念俱灰，回家後即解散義軍，盡歸田裡。到順治六年清軍再克江西時，殺戮殘酷，劉淑英挈母逃匿湖南湘潭。後見南明小王朝大勢已去，不得已潛回故里，建一庵堂，題名「蓮舫」，並迎母歸養，奉佛以終。劉淑英以其奇氣橫溢之材、世變家破之痛，發為怨憤奇峭、激楚淒戾之詩。清初宋之盛在《江人事》一書中，特為劉淑英立《女貞傳略》，且評論說「一時文士，無出其右」。

另據史載，吉水縣人李元鼎（1595-1668 年）為明天啟二年（1622 年）進士，崇禎朝官至光祿寺少卿。後降清，初授太僕寺少卿，後升任兵部右侍郎。順治二年（1645 年）八月，李元鼎曾向清廷上疏強調江西的戰略地位重要，「懇恩遴簡重臣二員，速往受事」。元鼎在上疏中同時還提到其家鄉的抗清武裝「視臣家為仇讎」，致使其弟死母病，「家口流離，盡皆散失」[8]。從此

也間接地反映出吉泰盆地民眾抗清的激憤和報復舉措。順治四年十二月，在金聲桓向清廷的一份疏報中，還透露出龍泉（今遂川縣）山區的武裝反抗與永曆政權有聯繫：「吉安等處偽官郭應銓等，受永曆偽職，盤踞龍泉山中，與渠魁王來八勾連作亂，殘害地方。」後被清軍副將劉一鵬等率兵撲滅。

順治四年正月，湖廣總兵柯永盛奏報：有興國（州）人柯抱沖領導的抗清農民軍占據江西武寧、湖廣興國（州）一帶，「與何騰蛟結連，自立為王，以其黨陳珩玉為帥，倚山結寨，焚劫郡縣，攻陷興國州，殺武昌同知張夢白，勢甚猖獗」[9]，後在清軍的圍攻下才告失敗。這是江西西北部及幕阜山脈兩邊民眾抗擊清軍的又一實例。

然而，持續的戰亂對湖西地區社會經濟的破壞也是極其嚴重的。如順治四年二月，清軍與駐紮在萍鄉西部鳳凰寨的南明黃朝宣部交戰，對當地百姓造成的劫掠與破壞為地方誌書所記載，讀來令人怵目驚心，由此更可想見當時天災與兵亂對江西社會生活破壞之一斑：

丁亥。春大水，奇荒，凡六閱月。萍民自乙酉、丙戌，連年累月苦於寇兵。春二月，大兵直搗朝宣巢穴，與衡、永兵夾攻，

版，第 4589 頁。

9　龍泉縣郭應銓及興國（州）柯抱沖仇清情況，分別見《清世祖意皇帝實錄》卷三十五「順治四年十二月丁卯」條和卷三十「順治四年正月壬子」條。

朝宣潰敗而死。清兵洗運萍邑糧稻於軍中。兵荒洊臻，惟此時為然。於是米一石價至三十餘兩，金賤如銀，尚不樂受。綢綺衣服，升米可易一領。且疫癘交侵，飢餓疾病，食野草，啖糠粃。甚有殺人肉充狗肉賣者，飢民旋飽之，旋登鬼錄矣！以至屍橫於路，骨白於野，父母妻子相對，以視其死亡。奇荒慘變，寧第輾轉溝壑已哉！[10]

第二節 ▶ 金、王反正的敗亡及江西社會經濟的初步修復

一　金聲桓、王得仁反正及其敗亡

　　唐王被俘殺和贛州失守後，原逃亡在廣西梧州的桂王朱常瀛之長子、永明王朱由榔，在廣東肇慶被兩廣總督丁魁楚和廣西巡撫瞿式耜擁戴為「監國」，繼而於順治三年（1646 年）十二月十四日行登基儀式，改元永曆，成為南明時期第三個具有「正統」權威的小王朝。永曆帝隨即任命丁、瞿二人為大學士，並封仍在指揮兩湖及西南地區抗清軍事行動的總督何騰蛟為武英殿大學士，加太子太保銜。還給數十名將帥任職封爵，發給印信。順治四年一月下旬，清軍騎兵突襲廣州城，消滅了由唐王之弟在那裡建立的另一個流亡政權（國號「紹武」）。此後清軍很快占領了

10　《萍鄉縣誌》卷六《祥異》，康熙二十二年版。

廣東和廣西的大部分地區，其主力則是歷來以攻掠凶殘著稱的前明降將李成棟部。不久後，永曆帝在武將的裹挾之下，轉移到湖南西南部深山中的武岡縣。清軍三次進攻桂林均被擊退，後來又因何騰蛟出兵打擊，迫使戰線過長的清軍從廣西東北部退回湖南。

正當此時，鎮守江西的金聲桓對清廷日益不滿。他在江西一路進攻，除贛州、南安外，江西其他十一個府都被金聲桓、王得仁率部攻占。金、王自以為不費滿人軍隊一兵一卒，而能立此戰功，應該得到清廷的特殊封賞。況且他自進入江西以來，不僅攻城略地，對南明人士的鎮壓也毫不手軟。[11]但清廷始終對其存有戒心，僅任命金聲桓為鎮守江西等地總兵官，王得仁屈居副將。順治三年五月，清廷兵部駁回了金聲桓的奏疏，認為他要求授予在江西「節制文武」、「便宜行事」的權力「殊為僭越，自難允行」。但考慮到江西地方的抗清活動並未停止，清廷只同意將金的官職由「鎮守江西等地總兵官」改為「提督江西軍務總兵官」。但同時規定：「一切剿撫事宜，仍令會同撫、按，並聽內院大學士洪承疇裁行」，沒有給他緊急處理地方事務的大權。金聲桓大失所望。另外，金、王在攻占江西時勒索了一批金銀財

11　徐世溥著《江變紀略》卷一記載：「聲桓方恣殺明人士，諸凡年十五以上及有病者未剃與告反及誣官閫者，輒殺之，非有故而家貲中百金以上，輒誣以通明，使有司論殺之，沒其財產；十三郡人人莫必其命，是以游士莫敢言自外歸。」清道光古槐山房木活字《前駝逸史》本，《四庫禁毀書叢刊》史部第 6 冊，第 549 頁。

寶，遭到新任清江西巡撫章於天、巡按董學成的脅迫，要他們獻出錢財，金、王的不滿更為加劇。

而南明隆武朝的大臣黃道周、萬元吉等，與金聲桓有舊交。考慮到江西地界閩楚之間，戰略位置重要，若可策反金聲桓，江南局勢將有大的改觀。於是他們通過一些潛回南昌的文化人遊走金府，充當說客，向金、王許以高官顯爵。這些人還策劃為金修建生祠，並得到金聲桓的授意，「令塑為華陽巾而羽衣」。這些規勸感化的舉動，對金、王都形成一定的誘惑。與此同時，章於天、董學成已經得到金、王暗中與南明勢力來往的密報，加緊蒐集證據上報清廷，而且還不斷施以言語侮辱，有故意激怒金、王之意，這些也都加重了對金、王二人的擠壓和威脅。[12]

順治五年正月二十七日，金聲桓、王得仁在南昌舉兵反清，關閉城門，擒殺巡按董學成、布政使遲變龍等，並消滅了隸屬地方文官系統的兵丁。王得仁又在河中誘捕了出巡瑞州的巡撫章於天，並逼使他出任兵部尚書，負責製造炮車。只有江西掌印都司柳同春縋城而出，喬扮和尚星夜逃往南京，報告了江西的重大事變。順治五年的干支紀年為「戊子」，所以在清初許多文獻記載中又稱金、王南昌舉兵反清為「戊子之亂」。

金、王反清時還不知道永曆帝即位的消息，仍尊隆武為正朔，自稱「豫國公」，王得仁稱「建武侯」。金、王還把罷官後住在新建老家的原弘光朝大學士姜曰廣迎到南昌城中，官拜太子

12　參見徐世溥《江變紀略》卷一。

太保、吏部尚書兼兵部尚書、中極殿大學士，另外還自行任命了一批文武官員。不久，金、王得知隆武帝已經遇難和桂王朱由榔即位稱帝，於是文書告示皆改署「永曆二年」，並派幕客前往廣西報告江西起兵反清情況。永曆帝喜出望外，下詔同意仍封金聲桓為豫國公、王得仁為建武侯。此後，江西絕大多數府縣都聞風而動，紛紛豎起反清的旗幟。只有清南贛等地巡撫劉武元和南贛總兵胡有升、副將楊遇明等，仍然效忠清王朝，據守贛州，控制江西南部地區。還有參將康時升等扼守的廣信府（府治在今上饒市），仍然在清軍手中。

金、王反正之舉，儘管主要出於個人私利之爭而缺少深謀遠慮，但造成的影響卻很大。以兩湖地區為基地的總督何騰蛟及其屬下的各路將領，借勢紛紛反攻，先取全州，又遣部將圍攻永州城達三月之久，「大小三十六戰」，最終於十一月初攻克，就此而從湘、貴、桂三省交界山區久被包圍的態勢中緩過氣來，繼而奪回了湖南境內幾乎所有的戰略要地。福建沿海地區的抗清活動聲勢轉盛，安徽無為一帶的反清人士也紛紛攻擊清軍據點，北方地區此時也發生了大範圍的反清起義，清軍面臨揮師南下以來最危險的局面。

反正之後的金、王決定先北上拿下九江，然後順江而下進攻南京。順治五年二月初，王得仁領兵進抵九江，鎮守九江的總兵冷允登帶領五〇〇〇名士卒開城響應。王得仁軍接著占領了湖口、彭澤，九江知府吳士奇等地方官都來歸附。王得仁還占領湖北黃梅、廣濟等縣，控制了九江東西的長江航道。崇禎朝兵部左侍郎余應桂、生員吳江也在南康府（治所在今星子縣）起兵，攻

克都昌、湖口、星子等縣。吳江自稱巡撫，余應桂稱兵部尚書。長江中下游地區反清力量也紛紛響應，歸附於清朝的地方官員人心震動，惶惶不可終日。

清廷在接到江西和湖廣、南京的告急文書後，深知江南兵力有限，迅速採取對策，調兵遣將。順治五年三月十五日，攝政王多爾袞派正黃旗滿洲固山額真譚泰為征南大將軍，同鑲白旗滿洲固山額真何洛會、降將劉良佐帶領滿、漢、蒙兵馬從北京趕赴江西。同時，命固山額真朱馬喇、江南總督馬國柱領兵由江寧（今南京）溯江而上，在安慶府（今安徽省安慶市）同譚泰軍會合。為了防備南明軍隊占領湖北，清廷又命令正在湖南作戰的孔有德、耿仲明、尚可喜三王率部撤回漢陽地區。戰局的這一變化，對南明小王朝無疑非常有利。然而永曆朝廷虛有其名，無人統籌全局作出相應的決策，各地實力派更是自行其是。江西的金聲桓、湖南的何騰蛟都缺乏戰略眼光，沒有抓住有利時機，互相配合，趕在清廷援軍到達以前迅速收復失地，擴大轄區和政治影響。王得仁派使者到南昌參加金聲桓召集的高級軍事會議，商討舉兵東下南京的方案。參加會議的多數人都表示贊成，而任總督的黃人龍卻主張南下攻打贛州，並以明正德朝寧王朱宸濠反於江西，被贛州巡撫王守仁發兵抄了後路為例，說動金聲桓改變主意，調回王得仁軍，並在三月上旬親率主力二十餘萬水陸並進，南下贛州，而只在長江沿岸的小姑山（即小孤山）兩岸留有少數南明軍隊布防。金、王主力放棄了出兵北上，在長江中下游會合各地義師共圖恢復大業的正確方針，引兵南攻贛州，先在戰略上就犯了致命錯誤。

　　三月十九日，金聲桓大軍進抵贛州城下。攻城之前，金曾多次對守城將領高進庫等招降，許以加封官爵，但當時廣東李成棟尚未反清，贛州守將不僅沒有後顧之憂，還派急使要求佟養甲、李成棟出兵相救。金聲桓的招降只收到部分效果，使贛州右協副將徐啟仁帶領部下一千兵馬撤回原駐地南安府，連同府內的道、府文官舉城歸順金聲桓；鎮守南雄的雄韶協將李養臣也跟著投降。贛州城雖已孤立，但因三面臨水，城牆堅固，易守難攻，清軍守城軍將奮力頑抗，雙方相持不下。閏四月初一日，王得仁又帶領由九江回師的十餘萬軍來到贛州，合兵繼續攻城。閏四月二十二日，贛州清軍突然出城反擊，王得仁中炮負傷。然而曠日持久的贛州攻城之役對金、王非常不利：清廷派遣的征南大將軍譚泰帶領滿、漢軍隊已經迫近江西；而王得仁率部增援贛州，更造成了江西北部防守力量的嚴重不足。閏四月下旬，清軍進至安徽省東流縣，又兵分兩路，先後在閏四月三十日攻克饒州府治（今鄱陽縣），五月初一日占領了江西門戶九江。五月七日，清軍前鋒進入南昌府境。聞訊後，金、王為救老巢，不得不下令全軍撤離贛州，回保南昌。贛州清軍乘勢出城反擊，金、王後衛部隊損兵折將，狼狽後撤。五月十九日，金、王返回南昌，贛州圍城之役由此而失利。

　　六月初三日，王得仁領兵出南昌城迎戰，在七里街一帶被清軍擊敗，退回城中。清軍在七月初十日包圍了南昌，分兵四出，掃除外圍，切斷省會同其他州縣的聯繫。清軍大肆搶掠，還在城外掘壕溝，築土城，對南昌周邊民眾的生命和生活環境造成極大破壞。時人的記載稱：

東自王家渡屬灌城，西自雞籠山及生米，盡驅所擄丁壯老弱掘濠負土，婦女老醜者亦荷畚鍤。為濠率深二丈餘，廣如之。遠近伐山木，拆屋取其棟枋梁楣，大柯長干，作排柵以為溝緣。又掘冢墓，斫棺傾屍，及未葬者悉梟之，取其匡廓牆磚以為濠。溽暑督工不停晷，上曝旁蒸，死者無慮十餘萬。死即棄屍溝中，臭聞數十里，蠅鳥日盤飛蔽天。又役俘虜為浮溝於章江，以凌風濤，自東及西，廣表七里，上起文家坊，下至揚子洲，凡為三橋……死者又數十萬。會天旱水涸，功亦竟就……附郭東西周迴數十里間，田禾山木，盧舍丘墓，一望殆盡矣。

城內的金、王除了固守待援外，還多次親率兵馬出城，向壕溝之外的清軍發起反擊，但都被擊退。清軍一等梅勒章京覺羅顧納岱在攻城時中炮陣亡，足見守城官兵作戰依然英勇。南昌城圍日久，糧食薪柴均告匱乏，米價先漲到六十兩白銀一石，後來竟高達六○○兩一石，最後因斷糧而「殺人而食」，其殘酷之狀後人有所追憶，讀來令人不寒而慄：

禽畜草根木實悉盡，遂殺人而食。東北一隅拆屋最先，廢宅往往生雀麥，飢人將以食。得仁猶稱瑞，曰：「此天貽我也。」國中非十五成群不敢行，交衢直巷先有瞭者，以隱為號：曰「雄雞也」即男，曰「伏雌也」即婦，曰「有翅」即帶刀者，曰「無翅」即無器，曰「有尾」者即群行，曰「無尾」即獨行者。聞無「翅」與「尾」者，即共出擒而殺之。其始獨兵食老弱及病者，漸乃擇人而食。民剝鼓皮韝筒之屬既盡，亦復群聚掠兵為糧。後

更不擇人而食，至父子夫婦相啖矣。[13]

　　至此，南昌城中軍民糧餉斷絕，處境已經極為艱難。清軍得以從容掃蕩南昌周邊的小股南明軍隊，南昌更成孤城。而此時永曆小王朝內部仍然紛爭不已，雖然深知江西之役在其「中興」計劃中的重要意義，但一直沒有採取積極的援救措施，也缺乏有力的策應。兩廣總督何騰蛟為了虛誇戰功，還向永曆帝謊報江西南昌、吉安、贛州均已取得大捷，無須出兵救援。儘管五月一日提督廣東總兵官李成棟在廣州起兵反清後，曾在十月間進攻贛州，但失利後即退回廣州，而沒有引兵直下南昌，解金、王之圍，導致失去戰機。

　　順治六年正月十八日，清軍動用新運到的紅衣大砲，向南昌城發動猛烈攻擊。午後，蒙古兵豎雲梯登上城牆，南昌失守。金聲桓投入帥府荷花池內自盡，大學士姜曰廣在僕家池投水而死。王得仁反覆衝殺，擊殺清兵數百人，突圍至德勝門時被執，立遭肢解。此前，清軍主帥譚泰已令對城內逃出的百姓或來降官兵一律格殺勿論，攻入南昌後，又進行了殘酷的屠城。

　　金聲桓、王得仁江西起兵反清，前後將近一年時間，至此最後被鎮壓下去。消息報至「行在」肇慶，永曆帝贈金聲桓為「豫章王」，諡「忠烈」；王得仁贈「建國公」，諡「武烈」；姜曰廣贈「進賢伯」，諡「文愍」。

13　徐世溥：《江變紀略》卷二。

順治六年正月，已被永曆帝加封為惠國公的李成棟再次從廣州起兵，北上南雄，二月下旬翻過大庾嶺進入江西境內。為了避免重蹈上年十月間倉促攻打贛州城失利的覆轍，李成棟決定先占領贛州城外圍各縣，然後進攻贛州。他親率主力駐守信豐縣，派董方策等占領雩都（今於都）等縣。而清軍已於正月十八日攻克南昌，據守贛州的清軍已無後顧之憂，士氣高昂，主力部隊主動出擊，二月十六日由贛州出發向信豐縣進攻，同時派兵八百名前往雩都縣協防。二十九日，李成棟出城迎戰，為清軍所敗後退入城中。三月初一日，清軍開始攻打信豐縣城，李成棟軍心不穩，率部出東門逃走，在河水泛漲的桃江裡墜馬淹死。永曆帝追贈李成棟為「寧夏王」，謚「忠武」，賜祭九壇，葬禮極為隆重。

然而此時永曆小朝廷的大勢已去：何騰蛟在湘潭被俘殺，金聲桓、王得仁在南昌覆亡；李成棟兵敗身死，其大本營廣州城隨之被圍八個月，於順治七年十一月二十四日被尚可喜、耿繼茂率軍攻克，並實施了長達二十天的殘酷屠城。同月，永曆小朝廷的駐紮地桂林也被清軍攻克，永曆帝先逃南寧，再遠遁雲南，期望「中興」的幻想最終破滅。南明小朝廷內部矛盾重重，文官與武將之間的猜忌和排擠由來已久，不同派系的軍隊只顧自己的利益，根本談不上互相配合作戰。清軍原來在湖廣和江南並沒有足夠的兵力援救江西，不得已從北京派兵南下，走了兩個多月才趕到江西，竟然反使金聲桓、王得仁功敗垂成。而南昌被圍時間長達八個月，沒有得到南明其他軍隊的任何支援，說明南明各派勢力的互相拆台和排擠，才是導致其失敗的主要原因。

二 順康之際江西官府舒緩民困的主要舉措

順治六年（1649 年）後，江西境內大規模的戰事基本平息，但地方社會經濟極其凋敝，民生痛苦不堪。順治九年秋，剛剛接任江西巡撫的蔡士英給清廷上的第一份奏章，即直陳「目擊地方凋敝情形」，開篇概括為：「江省自屢經兵燹，元氣未復，連年遭水，今歲苦旱，其城郭之圮毀，鄉村之草蔓，士民之鶉結，真有不能圖繪者。」隨後的奏章再次強調，連年的自然災害給戰後的江西民眾雪上加霜：「其江民前此死於飢，死於疫，死於殺，死於焚者，僅存其十之三四；今又死於旱矣；嗟哉！江土前此荒於兵，荒於賊，荒於水，荒於逃者，亦僅存其十之三四，今又荒於旱矣！」此外，蔡士英還列舉了江西其他幾項全局性的社會問題：土曠不辟，賦役不均，荒畝不　。而這幾件令人頭疼的事情又相互影響，彼此交織。[14]對於剛剛掌控這片疆域的清朝地方官府來說，儘快恢復農業生產，穩定社會秩序，是其建立統治秩序的基本追求和基礎所在。而從長遠來說，清王朝當時在全國範圍的統治還潛藏著許多危機，為了平息各地打著各種旗號，彼伏此起的「匪類」、「土賊」，還必須抓緊為滿、漢軍隊籌措糧餉。所以在清軍占領江西之初，同時也把明末記錄兵餉壓欠、漕運積逋的舊賬本也接收過來，繼續照額追繳錢糧。而蔡士英等臨民之官則看到：當時已經極度貧困的江西鄉民再也無力清繳，如果一味

14　參見蔡士英《撫江集》卷一，清順治刻本，《四庫未收書輯刊》第七輯第 21 冊，第 248 頁。

追逼，不僅極易激發民變，甚至還因此造成了吏部委任的官員不敢來江西任職；一批江西官員又因無法清繳積欠而被降職，調任外地也無法脫身的問題，直接影響到統治機器的運行。所以蔡請求清廷允許江西和其他行省一樣，免除那些實際上拿不到手的「虛賦」。僅由康熙二年（1663 年）新修《南昌郡乘》中保留的官府文件即可知：從順治八年（1651 年）到康熙二年的十餘年間，先後由江西巡撫蔡士英、郎廷佐、張朝璘等題寫的相關奏疏即有《請除豁荒蕪疏》、《請汰浮糧疏》、《酌定賦役疏》、《請禁牽夫疏》、《請議蠲豁疏》、《請禁湖口抽稅疏》、《敬陳南昌浮糧疏》、《請蠲江省五、六、七年漕欠疏》、《題免未墾田畝從前荒賦疏》、《請積逋分限帶徵疏》、《蠲免九年分未完餉米疏》、《南瑞二府已未墾荒田升科蠲豁疏》、《題報照額蠲浮曉諭士民疏》等。江西省府官員的這些呈請，先後得到清廷的准許，基本的做法是：民間有主荒田而田主自認某年開墾，即先免其順治六、七、八共三年的錢糧，到順治九年以後一概交納田賦。如果遇有災荒，再奏請清廷予以蠲免。這些措施對於減輕當時江西鄉民的負擔與困苦，無疑有著不容忽視的積極意義。

在蔡士英等官員的陳請之下，清廷還批准清理了瑞州、袁州、南昌三府延續三〇〇年之久的浮糧問題，其意義已經不限於解除戰亂的後遺影響，而是直接對民怨沸騰的明代積弊予以清汰，所以在當時造成很大的社會影響。早在順治四年五月，其實江西巡按吳贊元已經向清廷提出這三個府的錢糧「倍征」問題，「故明因循未改。兼以水漂沙塞，虛糧逋欠甚多，亟請釐定，令照他郡額賦征輸」。當時清廷只是指示「章下部議」，並無下

文。[15]順治十年巡撫蔡士英再行呈報，提出先清理瑞州、袁州二府浮糧問題。官府查實的情況是：瑞州府管轄的高安、上高、新昌（今宜豐）三縣，在元代的田糧負擔為十二點五餘萬石，但到明初，當地糧長黎伯安為了邀賞，將陳友諒占據江西時加倍徵繳的糧冊獻給明太祖，冊中之數遂成定額，增至二十二點五三餘萬石。有明近三百年間儘管民怨沸騰，但明政府始終不予更改，形成「磽角之區可耕者既窄而科糧偏重」的不合理局面。袁州府所轄宜春、分宜、萍鄉、萬載四縣的弊端，則起因於「鄉斗」和「官斗」的不同。明初陳友諒部將歐普祥降明時投獻冊籍，將「鄉斗」的三升誤報為「官斗」的十升，致使當地田糧負擔一下子增加了三倍，均攤到每畝，科糧竟然高達一斗六升多，與相鄰的新喻（今新余市）、安福等縣的田糧形成明顯反差。但明官府一直將錯就錯，因此而導致大量戶口逃亡。至明弘治間，袁州府只存六萬餘戶，還不到北宋崇寧戶口數的一半。到清初大亂之後，戶口更少而賦稅更顯繁重，鄉民或逃或欠，積弊日深。順治十一年四月，清廷批准了蔡士英的奏請，對此積弊作出一步到位的清理：將瑞州田糧之數重歸宋元時期的原額，只徵十二點五萬石；袁州徵糧數額比照相鄰的新喻縣，每畝只徵九升三合。

到康熙二年（1663 年），清廷又蠲免了南昌府自明代以來的浮米。其由來，與瑞、袁二州相同，「俱受偽漢竊據之害，煩刑掊斂，加宋元舊額數倍。明初因仍，莫之敢控」。據康熙二年新

---

15 參見《清世祖章皇帝實錄》卷三十二，「順治四年五月丙辰」條。

修《南昌郡乘》記載：「康熙二年，督台張公、撫台董公題准該府屬除武寧原無浮米外，六縣一州悉照宋額，稅苗米一十五萬九千二百一十五石二斗五升二合六勺二抄。內職田米二千七百一十八石四鬥一升。蠲免明額浮米三十萬一千五十四石三斗六升六合四勺八抄。」[16]

　　清廷相繼清理江西三府明代遺留的浮糧問題，從根本上說仍是歷史故事的重演，因為新入主的滿族統治者已經懂得不可殺雞取卵的「治道」，此時與民休息，最終還是為了獲得穩定的財稅來源。所以蔡士英在接到清廷批覆後，馬上發布《減除瑞、袁二府浮糧示》，公告四方，宣揚皇恩浩蕩於前，催促鄉民交糧於後：「爾等務仰體洪恩，將應納錢糧亟為上納，以實朝廷正供。」但在當時民族矛盾依然尖銳，江南一批明朝遺民仍然堅持「夷夏之辨」之時，江西官府針對廣大鄉民的現實困苦所採取的這些切實措施，無疑十分及時，且具有不容忽視的感召力。康熙《南昌郡乘》還記載了進賢籍前明官員朱徽寫的《跋請蠲浮糧疏後》，對此舉措的評價為「恭遇清朝定鼎，與海內更始，救民水火而解其倒懸，真千載一時也」。康熙九年修《袁州府志》的「凡例」稱：「減浮糧，紓袁困，曠代殊恩也。故上自奏疏，下及文移本末，備志不忘。」這些話，都不應簡單地視為逢迎之詞。另外還應該看到：順康之間裁汰蠲免，減除浮糧的主要得益者，是宋明以來已在江西平原河谷地區耕種生息的土著居民，他們如果因此

16　《南昌郡乘》卷十二《賦役志》，康熙二年版。

轉而傾向或支持清政權，對於維護江西腹心地區的穩定必有好
處。在不久之後發生三藩叛亂期間，江西平原河谷地區的社會秩
序相對穩定，對叛軍的呼應不多，袁州一帶成為堅固的抵抗前線
而未曾失陷等等，都與清朝官府在順康之際曾採取一些惠民措施
並且獲得人心不無關係。

　　另外在順康之際江西官府為了恢復農業生產，還大力推動移
民墾荒運動。順治九年（1652年）八月，上任之初的巡撫蔡士
英就查到江西拋荒田地高達一〇四八一九頃，已接近江西原額田
地數的四分之一，所以他在奏章中說江西是「土曠而不辟也」。
順治年間，清廷對各省的田地拋荒問題普遍採取兩種處理方法：
無主荒地收為官地，分派兵丁屯田種糧；有主而拋荒之地，出示
招徠移民墾種。從巡撫蔡士英一任開始，江西官府主要在招徠移
民方面下工夫，並反覆向清廷上奏申訴，堅持恪守墾荒之田三年
之內不收田賦的承諾，堅持不輕易將暫時無力交納田賦的民田收
為官地，以避免產生官府屯田難以處理的相關問題。順治十一年
七月，蔡士英在奏章中明確提出官民共墾的思路：認為天下田畝
「總屬朝廷之地土，似當問其墾不墾，不當問其官與民也」。蔡
接著現身說法，列舉兩年以來江西地方官府為清廷增加財政收入
所作的貢獻：向各部解送了錢糧銀四十餘萬兩，收繳順治八、九
兩年漕糧銀五十點八萬餘兩，及時解送楚、粵的軍需而沒有拖
延，江西本省綠營軍隊的月餉得以按季發出等等。最後，蔡總結
其根本原因在於「招徠歸墾之民，州縣漸次填實，故催科稍可施
耳」，道出了清代官府招民墾種，「與民休息」的根本目的。蔡
士英等江西大員對調整清廷在江南的土地政策不無貢獻，他們逐

漸熟悉並比較尊重南方地區以小塊田地為主，租佃關係錯綜複雜的現實，沒有簡單粗放地傚倣北方地區搞官府屯田，盡量少把一批逋逃之田收歸官有，避免釀成更多的官民衝突，激化社會矛盾，對穩定清初江西大局是有好處的。

從當時更大的政策背景看，清廷面對剛剛占領的廣大南方地區，採取了一系列因時因地減免稅賦的措施，既是對歷代「與民休息」之法的傚倣，同時還以此作為對南方民眾是否歸順的一種獎懲之法，[17]再就是把收編來的大批明朝軍隊儘快復員，安置到土地上。[18]在順治十二年，清廷刑部甚至批准了江西興屯道翟鳳翥動用罪犯開墾荒田的疏言：

嗣後徒犯請發遣屯田，酌其年份，開墾荒田多寡，事完釋放。其願留者即永為己業，以沛皇仁。

在《清實錄》中，我們還可以找到相應的佐證資料：

17 參見《清聖祖仁皇帝實錄》卷七十九，「康熙十八年二月己巳諭兵部」條。

18 順治二年，清廷在平定南京後頒發的詔書就闡明了這一基本政策：「新經投順馬步官兵約有二十餘萬，除原系各處營制內抽調者應各還原營，其新經招募及久離家鄉者，通查明白，准散歸本籍各安生業。」（《清世章皇帝實錄》卷十七，「順治二年六月己卯」條）在《清實錄》中，康熙年間清軍平定江西各地的「從逆」活動後，招降「偽官」，安撫其部眾與家口的事例還多有記載。

（康熙二年）八月甲子，江西巡撫董衛國疏報江西省新增男婦七萬六千六百二十丁口，共增丁銀七千六百二十兩有奇。下部查核。

（康熙四年）八月庚申，江西總督張朝璘疏報吉安府龍泉縣安插閩廣流民男婦一千四十一名口。下部知之。

（康熙十一年）九月辛巳，上諭大學士等：江西廬陵、吉水、上高、寧州四州縣暨南昌九江衛，頻年荒旱，災疫流行，荒蕪田地五千四百餘頃。命戶部蠲其逋賦，仍敕巡撫速行招墾。[19]

甚至到康熙十八年（1679 年）十月，當時江西已經成為遠離吳三桂叛軍戰火的「內地」，戶部還議復：「護理江西巡撫印務王新命疏言：『江西自叛之後，逃丁荒地雖於康熙十七、十八兩年之間招補開墾，而見在荒缺者過半，暫請開除額賦。應如所請』。從之。」

也正是在這樣一個大的政策背景下，以閩廣等省為主的一大批外省移民進入江西的丘陵山地，墾荒供賦，赴役當差。天長日久，在一些山區州縣逐漸形成一個人數眾多、語言和生活習俗相通的移民群體，形成一種不同於河谷平原地區的新經濟成分，為日後逐漸形成「客」、「土」之間的矛盾衝突埋下伏筆。

19　以上三條分別見《清聖祖仁皇帝實錄》卷九、卷十六、卷四十。

三　招徠民眾城居與恢復城市社會生活

明末清初以來，長時間的大規模戰亂使江西大多數州縣的城池都遭受毀壞，城市成為各類武裝力量的主要攻擊和掠奪的目標，城市生活比鄉村顯示出更大的脆弱性和不穩定性，城中居民或死或逃，顛沛流離，生活艱難。康熙二年修《南昌郡乘》記載了南昌府各屬縣戶口損失情況，詳如表 1-1：

· 表 1-1　康熙二年記載南昌府及其屬縣（州）遭戰亂損害後戶口存留情況

府／縣	原額人丁婦女（口）	除豁殺擄逃亡人丁（口）	損失（％）	見在男婦（口）	存留（％）
南昌府（總計）	406881	103067	25.33	303814	74.67
南昌縣	134722	57590	42.75	77132	57.25
新建縣	52218	16419	31.44	35799	68.56
豐城縣	75358	18325	24.32	57033	75.68
進賢縣	61554	7849	12.75	53705	87.25
奉新縣	27603	365	1.32	27238	98.68
靖安縣	14774	326	2.21	14448	97.79
武寧縣	22198	541	2.44	21657	97.56
寧州	118454	「見存舊數」		「見存舊數」	

資料來源：康熙二年《南昌郡乘》卷十二《賦役志·戶口》。

不難看出，越是靠近統治中心的縣分，其「殺擄逃亡人丁」的比例越高，特別是作為省、府「附廓」的南昌縣及其相鄰的新建縣，戶口損失的比例都明顯高出平均數，其中必然包括住在南昌市內的一大批居民的死傷與外逃。南昌和贛州這兩座重要的大城市，都曾在長期圍困後再遭屠城之禍，損失特別慘重。九江市區也曾被左良玉兵縱火焚燒，市民在兵亂中遭受劫掠。晚明官員熊文舉是南昌地方大族的代表人物，曾描述南昌遭受屠城後，東湖一帶如何從風景名勝之區變成蒿草一片，並以其親身經歷說明兵亂之時，原來居住在城裡的士紳如何紛紛逃往鄉下老家以避殺戮：

曩家東湖之上，老屋一區，為余德甫先生草堂……雷堂前後，皆王孫別墅。春之日，秋之夜，絃管笙歌，淒清四起。東西湖光，開軒朗照，畫船柳岸，簫鼓相催。曾幾何時，一旦蕩為冷煙，鞠為茂草。（順治）乙酉歸自長安，掩淚過之，無異蜃樓蜃眼。丙戌、丁亥，復購數楹於郡署之後，屋甚宏敞。後有一亭巍立，四面皆古樹蒼藤，繡球月桂，蔚茂扶疏，有合抱者。此中大可讀書講業，然是時江省屯兵，羽書狎至，會城士紳寓家者寥寥。余亦鄉居，往來托跡於此，亦猶沖途之有郵亭驛館也。亡何戊子大亂，此屋復毀於降兵。殘生再世，戢影荒村，牛舍蝸廬……[20]

20　《南昌郡乘》卷四十八《集蓼堂記》，康熙二年版。

康熙二年修《南昌郡乘》還明確記載：因為在「戊子之變」時南昌府「闔郡公署盡為煨燼」，知府羅長祐暨其僚屬只好借住於民居辦公，到康熙二年才動工修建新公署。巡撫蔡士英上任之初，也因巡撫都察院衙門遭受破壞而無錢修理，只有借用東湖邊民居辦公，兩年後才捐俸興工，修建官署。兵亂中被燒煨的還有江西按察使司衙門和江西布政使司衙門中的「攬秀樓」等。到順治十一年（1654 年），巡撫蔡士英描述當時南昌城內的狀況還是「街衢巷陌鞠為茂草」，「頹垣斷壁，冷落荒煙」。[21]

　　當江西農業經濟有了一定的恢復之後，江西官府從順治十一年開始廣貼告示，招徠民眾進城居住，興建房屋，以圖恢復市容和城市生活。實際上，此舉在兩年以前已經開始，當時只是作為「招徠流亡」的組成部分而已。然而居民唯恐入城後即被登記造冊，攤派各種徭役差事，不堪煩擾，所以響應者寥寥。順治十一年四月後，江西官府的牌示對於進入南昌居住的規定更加具體，條件也更加優惠，例如：原來在城市居住並有房產的，限定兩個月內回城認準原址，釘樁標誌，加以營建。為此，官府還特別號召那些一直城居而後來跑回鄉村或流寓他省的「巨室之家」作出表率，因為他們是「士民所望，當先為倡導，維桑與梓」。其他的人，「不拘土著客籍，俱許入城。但查有無主空基，具狀投縣，給以印照，永為己業，聽其建造居住」。官府還對入城居住者承諾：傳令南昌、新建兩縣官衙，嚴禁差役攤派；官軍設置城

21　蔡士英《撫江集》卷十三《招集士民入城示》。

守水師，確保城市安全；綠營軍隊專有營房，不得騷擾民宅；居民發給腰牌，照牌出入，不許城門稽查阻撓市民正常出入；等等。

同年六月，江西官府又發布了《巡臨饒撫建廣諸屬招徠士民入城居住示》，進一步推動贛江以東的饒州、撫州、建昌、廣信等府的民眾入城居住，其勸諭的理由和開列的條件不僅一如南昌城，還提到「倘有防守官丁居住此中者，本部院軍政森嚴，自當各守紀律，不敢生事擾民」。同樣透露了清初普遍出現的滿、漢軍隊占用民房的問題，也說明此刻已經到了可以解決這個問題的時候了。告示中提及當時這些城市中的實際景貌還是「但見城郭之內，街衢巷路，瓦礫尚盈，荊棘猶滿，蕭條零落，大非太平景象」，官府不得不著手恢復城市經濟與社會生活秩序了。

不無巧合的是，順治十三年四月中旬，由荷蘭東印度公司派往清廷的使團經廣東抵達贛州。使臣們記載了他們在贛州看見的情景：「該城是中國最有名的城市之一，距南康一百五十里。城區四方，傍贛江而建。該城有四個大城門，依東、南、西、北方向命名，式樣古樸。」「該城的城牆高大堅固，用磚頭砌成，所有的炮眼都有蓋子，蓋子上畫著凶惡的獸頭，繞牆走約需二個小時。站在城牆上向北望去，可看見來自數省的數不清的船隻。這些船隻都要經過此地，並在此繳納通行稅。」「該城街道整潔，有幾條街是用石板鋪成。城東有一座九層寶塔，站在塔上可俯瞰全城。該城有幾處漂亮的房舍和美麗的寶塔，其中最有名的是慈

雲寺⋯⋯」[22]由此可以想見，在經歷了順治三年的清軍屠城和順治五年的金聲桓部圍攻之後，贛州城已經修復並更加鞏固。

到順治末康熙初，江西省、府、縣三級的城市都做了一批營建。據江西總督張朝璘記載，先後修了城牆的城市有省會南昌，南昌府屬的寧州、豐城、靖安、進賢等縣城，瑞州府屬的高安、新昌兩縣，臨江府屬的新喻縣，吉安府屬的永新縣，建昌府屬的廣昌縣，還有饒州、袁州二府的城牆，「俱已煥然改觀，屹立鞏固矣」[23]。修葺城牆的同時，各級官署的衙門和城區代表性景觀也紛紛重加修建，並載入此時新修的一批地方誌中。可以看出，這些建築的修建除了實用和豐富城市生活，「以壯觀瞻」之外，其實還蘊涵更為積極的政治意義：就是通過這些比較高大的建築物的修復或重建，顯示了新朝統治者的權威性，也表現出對自己的統治具有更強的自信。不久以後的三藩叛亂期間，江西境內贛江一線的城市多未失守，南昌城始終是清軍調兵遣將和維護局勢平穩的政治中心，贛州城一直成為清軍控扼楚粵交通的前敵重鎮等等，都與順康之際江西城池的修建和城市生活的逐漸恢復有直接關係。

---

22 〔荷〕包樂史、〔中〕莊國土：《〈荷使初訪中國記〉研究》，廈門大學出版社 1989 年版，第 59-60 頁。《荷使初訪中國記》原作者為約翰・尼霍夫，荷蘭人，1618-1672 年在世。《荷使初訪中國記》原著系拉丁文寫成，1668 年於阿姆斯特丹出版。

23 張朝璘《捐修城垣以資捍禦疏》，《南昌郡乘》卷四十四《藝文志》，康熙二年版。

第三節 ▶ 三藩叛軍對江西的爭奪及其敗退

一　吳三桂兵進江西和清軍的交戰

　　順治八年至十八年（亦即永曆五年至十五年，1651-1661年），永曆小王朝依賴的只有最後兩支軍事力量：一支是以福建沿海為基地的鄭成功部，其水師為最強。一六五五年三月開始，鄭成功軍開始北伐，到一六五九年一度兵進寧波，破瓜州，直抵南京城下。但在清軍的反攻下鄭軍兵敗，退回廈門。一六六〇年六月，清廷將南方三藩王之一的耿繼茂派往福建，加強對鄭成功的進攻。一六六一年五月鄭軍逐步占領台灣島後，遂將其戰略基地遷離大陸。另一支是孫可望、李定國部，他們都是張獻忠被清軍襲殺後的殘部，先占領了清軍兵力薄弱的四川與貴州，後來又進軍雲南。一六五〇年十二月，孫可望被永曆帝授予「秦王」爵位，並逐漸將永曆小王朝控制在自己手中，日益驕橫跋扈。到一六五五年春，孫、李的軍隊連續進攻，不僅迫使清軍幾乎完全退出西南各省，而且兵進湖南及廣西大部。一六五六年李定國進軍雲南，將永曆帝從孫可望的控制下轉移出來，與孫的矛盾也日漸明朗。後來孫可望在與李的決戰中失敗，在湖南寶慶向清軍投降。從一六五八年開始，清軍在吳三桂等指揮下，分三路向貴州進軍並取得勝利。繼而攻入雲南，迫使永曆帝進入緬王控制的疆域。一六六二年一月，這個流亡了兩年的小朝廷被緬人交給清軍，南明小王朝最後一位有皇帝稱號者及其「皇子」在押回昆明後被殺。三個月後，李定國也在雲南與老撾交界處病故。原明朝疆域內以朱姓君王為旗幟並有「正統」國號的抵抗最終失敗，史

稱「南明」的時期從此結束。

正是在追剿永曆小王朝的戰事中，平西王吳三桂、平南王尚可喜、靖南王耿精忠屢立戰功，並分別鎮守雲南、貴州，廣東與福建，史稱「三藩」，深為建立全國統治的清朝貴族所倚重。順治帝臨終前，曾允許這些封疆大吏在南方封藩。三藩手握重兵，逐漸對清中央集權構成潛在威脅，其中又以吳三桂向清廷的要價為最高，包括每年一千餘萬兩餉銀及對湘、川、陝、甘等鄰省官吏的任命權。康熙帝親政後，為加強對全國的有效控制，有意開始削藩。康熙十二年（1673年）四月，當平南王尚可喜試探性地提出致仕並欲將廣東封國交給兒子尚之信繼承時，清廷接受其致仕卻拒絕由尚之信承襲封國的請求。八月份，吳三桂與耿精忠也先後提出辭呈，康熙帝予以接受，表明了削藩態度，也含有激使三藩早叛的用意。十二月二十八日，兵力最強的吳三桂首先發難，在昆明殺死雲南巡撫朱國治，並逮捕了康熙帝的兩位特使，下令恢復明朝舊制並自稱天下都招討兵馬大元帥，改明年為周王「始武元年」，公開起兵反清，並向其他兩藩求援。貴州巡撫曹吉申及提督李本深等望風而降。次年三月，駐軍廣西的孫延齡反清，自稱「安遠王」，並逮捕廣西巡撫馬雄鎮。四月福建耿精忠亦反，逮捕福建總督范承謨。雲、貴、川、湘、閩五省盡為吳三桂所有。五月，吳三桂開始向兩翼擴展：一路由湖南進攻江西，一路由四川進攻陝西，開闢東、西新戰場，企圖分散清軍兵力，擴大勢力範圍及影響，迫使清廷同意與其劃長江而分治天下。從此時開始，三藩軍隊與清軍在江西接戰。前後過程，大致可分為三個階段。

第一階段為清軍主力進入江西階段。康熙十三年六月始，清軍出兵五路，有三支增援東線戰場，以確保東南財富之區不為叛軍占領。其中一支以安親王岳樂為定遠平寇大將軍，率部進入江西迎擊吳三桂叛軍。此時叛軍已經占領了贛江以西的袁州、萍鄉、安福、新昌（今宜豐縣），以及鄱陽湖畔的南康府（治星子縣）、都昌縣等地。七月間，耿精忠派出白顯忠、郭衷孝兩部翻越武夷山，先後占領廣信、饒州、撫州、建昌等四府及其屬縣，廣信副將柯昇、參將程鳳、把總陳虎等易幟響應，攻打浮梁縣。康熙帝對江西戰事甚為關注，要求儘快肅清江西地方，扼守贛江至袁水一線，以便集中兵力打擊以湖南為基地的叛軍。康熙十三年八月，康熙帝給清軍護軍統領桑額的手書敕諭中，指出江西戰場的重要性和當時清軍可以相機採取的行動：

江右為粵東咽喉、江浙唇齒，所關甚重。今兵民之心，尚持兩端，若不先滅地方小丑，大兵難以前進。至袁州、吉安、贛州尤屬要地，若有失陷，則廣東聲息必至梗阻；廣東梗阻，則情勢危急。令滿兵駐袁州，相機進取長沙。否則固守地方，庶三府可保無虞。將軍當親統重兵以行，毋使兵力單弱，至有疏失。[24]

---

24 《清聖祖仁皇帝實錄》卷四十九，「康熙十三年八月辛亥」條。該上諭也被光緒《江西通志》卷首「訓典」所收錄，但有所刪節，尤其是論及江西戰場與廣東的密切關係一段不見，無法反映康熙帝當時的通盤戰略思路，故茲取《清實錄》原文。

至該年底，清軍收復江西多數失地，康熙即命岳樂「將江西要地進行整理，稍有就緒進取湖南」，「由袁州直取長沙」，同時令喇布從長江下游進入江西支援岳樂。當時康熙帝的戰略布局有兩個：以出兵攻克湖南嶽州（今岳陽）、長沙等重鎮為上策；倘若軍事上不可速勝，至少還可以破壞叛軍的後方補給線，甚至取得敵方的糧草接濟自己。康熙十四年初，岳樂部曾一度進攻長沙；勒爾錦部亦曾渡江南下，進入湖南，但在叛軍的有力反擊下，均未成功。長沙、岳州等處戰略要地，仍在叛軍手中。

　　第二階段為相持階段。岳樂進攻湖南未能建功，遂向清廷提出先掃平江西，肅清後方的請求，因為當時江西的形勢實在不容樂觀：

　　江西形勢為廣東咽喉，江南、湖廣要沖。見今三十餘城為賊盤踞，且醴陵逆賊造設木城，增偽總兵十餘人，兵七萬，猓猓三千堅守長沙、萍鄉諸處。臣若撤撫、饒、都昌防兵往長沙，則諸處復為賊有；不撤則兵勢單弱，不能長驅，且廣東諸路恐亦多阻。臣欲先平江西賊寇，無後顧之憂，然後分防險要，帥師前往。[25]

　　儘管這與康熙堅持進軍湖南，以消滅吳三桂主力為首要的戰略設想不合拍，但康熙帝還是批准了這個作戰方案，只是給的期

25　《清聖祖仁皇帝實錄》卷五十二，「康熙十四年正月戊子」條。

限很緊，催促「王宜將江西要地速行整理，稍有就緒，即進取湖南，勿得坐視，致誤機會」。此後，在江西的清軍分別進剿，對東北境的饒州、廣信二府多有收復。康熙的諭旨還明確要求清軍占領武夷山和懷玉山西麓的戰略通道，切斷閩浙方向的耿精忠部與江西叛軍之間的聯繫。然而此時已經進入江西地區的梅雨季節，天氣開始轉熱，清軍兵馬不適。所以在岳樂收復建昌府（治南城縣）後，康熙指示他除了留下部分軍隊固守外，「率大軍暫回南昌養馬，俟秋涼或取湖南、或攻福建，候旨以行」。但康熙須臾未忘屯重兵於江西之西的吳三桂部，到十四年九月，在接到江西方面的一系列捷報之後，他依然不斷告誡岳樂等率軍將領：「賊渠吳三桂也，今不早滅，雖江西、福建之賊盡除，於事奚益？安親王岳樂，其量撥官兵固守江西，乘冬月速取長沙。」

到十一月，康熙帝再次下旨催促岳樂進軍湖南，為此，康熙對岳樂提出的要求盡量給以滿足，甚至不遠數千里將南懷仁研製的新式大砲送到岳樂軍前。但由於江西各地的「逆賊」起事此起彼伏等等原因，直到康熙十五年二月，岳樂才向入湘必由之路的萍鄉發動進攻。但吳三桂軍高大傑部則乘虛迂迴，集兵數萬圍攻贛江中游的重鎮吉安城，迫使清軍回援。不久吉安城陷落，江西戰場再次向不利於清軍的方面變化。至此，清軍東線主力被遲滯於江西戰場已逾一年，大出康熙預料之外，不僅使之焦急不堪，同時也使他對江西境內的各種反抗和給清軍造成的麻煩留下極壞

印象。[26]

　　第三階段為攻占吉安等重鎮，並最終收復江西全境階段。這些戰果與廣東形勢發生的變化有直接關係：康熙十五年二月，尚可喜之子尚之信在吳三桂誘使下，將其父囚禁，與金光祖起兵反清，清軍東部戰場又出現新的變數。而江西清軍既阻隔了尚之信軍與吳三桂軍聯手，也扼守著清軍日後南下入粵的孔道。所以贛州城控扼贛江與大庾嶺通道的戰略地位就凸顯出來，而作為防守贛州的前沿重鎮吉安就顯得分外重要，但此時已被吳三桂叛軍再次攻占。對此康熙深感憂慮，五月以後連續發布幾道上諭，在南昌和贛州之間調兵遣將，指示清軍南北夾擊，儘早拿下吉安。但進攻始終不見成效，因此引發康熙帝對指揮江西戰事的簡親王喇布十分不滿，嚴詞指責他貪圖安逸，一直坐守南昌，遲滯不前。

　　該年十二月，吳三桂派兵援救吉安，同時令已經占領萍鄉的馬寶部進軍永新、安福一帶，加強救援吉安的兵力。康熙則命令

---

26 最可反映康熙這種印象的證據之一，見於康熙十八年二月他給兵部的諭旨：「江西舊欠錢糧，屢經督撫及科道等官奏請蠲免，朕已洞悉。但當逆賊煽亂之時，各省地方與賊接壤者，被其侵犯，迫而從逆，情非得已。故於平定之後，其舊欠錢糧悉行蠲免。江西於賊未到之先，地方奸徒輒行倡亂，廣信、南康、饒州、奉新、寧州、宜黃、安仁、永新、永豐、彭澤、湖口、瀘溪、玉山、鉛山等處所在背叛，忠義全無，縉紳兵民人等，或附和嘯聚，抗拒官軍；或運送糧米，助張賊勢；或布散偽札，煽誘良民；或窩藏奸細，潛通消息。輕負國恩，相率從逆。以致賊氛益熾，兵力多分，遲延平定之期，勞師費餉。揆厥所由，良可痛恨。即今田廬蕩析，家室仳離，皆其自作之孽。逋賦未蠲，職此之故。」（《清聖祖仁皇帝實錄》卷七十九，「康熙十八年二月己巳」條）

湖北戰場的清軍加強攻勢以圖牽制，「相機前進，以分長沙、吉安賊勢」。到康熙十六年正月，救援吉安的吳軍「宵遁」，建昌府諸處的清軍奉調攻打吉安。同月，廣東尚之信部向從江西方向進入廣東的岳樂部投降，江西南部的軍事威脅基本解除。清軍得以集中兵力圍攻吉安城，到三月二十一日終於將其攻克。至此，江西境內清軍抵抗三藩叛軍的戰事基本結束，清軍隨之向湖南衡陽、長沙繼續進攻。

此後，戰事集中到湖南正面戰場，至康熙十七年初，清軍已攻占攸縣、茶陵、永興、郴州、宜章等十二城。吳三桂危急之中，於三月在湖南衡州稱帝，改元「紹武」。但於同年八月十七日病死，其孫吳世璠繼位，改年號為「洪化」，爾後扶吳三桂靈柩返回雲南。康熙十八年正月，清軍攻占岳州，三月攻下常德、衡州，湖南全境基本平定。此後兩年的戰事轉入雲貴川地區，清軍最後於康熙二十年二月下旬包圍昆明，圍城達八個月之久。十月二十八日，吳世璠於昆明自殺身亡，二十九日叛軍出城投降，歷時八年之久的三藩叛亂最終平定。

二 湖西再次淪為戰亂重災區與清軍驅逐棚民

康熙十三年（1674 年）初，吳三桂叛軍攻陷長沙，打開東進江西的通道。三月，江西巡撫董衛國向清廷報警，請求撥兵防禦。五月，叛軍占領萍鄉，安營紮寨，使之成為進攻江西腹地最重要的前沿陣地。這樣，作為湖西地區政治中心的袁州府城雖然不大，卻成為阻擋叛軍深入江西的前敵重鎮，江西總督董衛國請設袁臨鎮，以原任袁州副將趙應奎為總兵官。此後叛軍多次進犯

袁州，趙應奎力守而且屢屢反擊，多有斬獲。康熙十三年十月，吳三桂致信誘降之，趙應奎則予以舉報，得到清廷嘉獎，並加左都督銜，予世職，給拜他喇布勒哈番，又一拖沙喇哈番。此後，袁州城一直堅如磐石，即使康熙十五年叛軍迂迴攻陷贛江中游的重鎮吉安，袁州軍民還是孤城力守，在康熙帝的高度重視和竭盡全力的支持下，城池從未失守，一直堅持到清軍大部隊全面反攻。

在此大規模的軍事對抗背後，則是湖西地區再次成為戰亂重災區，剛剛有所恢復的民眾生活又遭受兵火破壞，生靈塗炭，慘狀重現。所以如此的重要原因之一，是在萍鄉等縣長期被叛軍占領的情況下，湖西地方社會原有的族群矛盾被大規模地激化，從康熙十三年開始，以閩籍移民為主體的袁州棚民就響應並參加了吳三桂叛軍。袁州地方「綿亘數百里，焚殺淫擄，所過為墟。萍、萬二邑再陷，袁（州）城危如累卵」[27]。此後棚民作為叛亂軍隊的組成部分，三次攻陷萬載縣城和瑞州府的新昌縣城，占領萍鄉兩年之久，並將其打造為叛軍的堅固橋頭堡。其影響和破壞程度，更超出一般的兩軍交戰之外。康熙二十二年《萍鄉縣誌》詳細記載了這個過程及其給當地造成的巨大損失[28]：

> 康熙十三年，吳逆反，陷楚長沙。五月內，棚逆朱益吾等乘

27　《宜春縣誌》卷二十《咨呈・驅逐棚寇功德碑》，康熙二十二年版。
28　參見《萍鄉縣誌》卷六《祥異》，康熙二十二年版。

機烏合訌起，恣行焚戮，沿鄉擄劫。勾引偽將韓大任、陳攻陷萍城，紮營高崗鋪，與棚逆圖攻郡城。敗歸，焚殺擄掠人民逃竄。

康熙十四年正月，偽將軍夏國相、高得捷等統賊十餘萬踞萍城，焚擄搜捉，深山無可躲避。棚逆與之謀，築土城於縣治後，千年骸骨掘棄暴露。通城內外，屋宇、牆垣、街道麻石拆毀殆盡。更於環城山巔立砲臺十餘所，墳塋莫保，一如縣治後焉。盤踞二載，荼毒生靈，稻穀牛種一空。□地焚棄，且設椿豎簽，竹木伐盡，轉徙流離，無計存活。

康熙十五年，逆橫暴施虐，益深益熱。二月內，幸安親王躬率六軍臨萍，與賊戰於城東流江橋，大破砲臺，殺賊不計其數，屍橫遍野，賊眾奔潰，萍城始復。王師直搗長沙，於萍無擾。邑令孟宗舜招撫流移，效力輓輸。六月內又遭棚寇陷城，更恣焚殺，把總陳死焉。援守官兵，驅賊旋復。

康熙十六年，大兵踞城。有安福土賊楊桀友等嘯聚，晝夜焚擄，東、西、南三鄉更慘。

以往的研究認為：所謂袁州地區的「棚民」，是指明末從福建及湖南（所謂「閩楚」）以及臨近的撫州、瑞州等地遷入袁州

・清代宜春縣境及「三關九圖」圖（載於康熙二十一年修《宜春縣誌》）

府屬宜春、萍鄉、分宜、萬載等四縣的流民。[29]崇禎時人對此的
描寫為：「袁州郡縣，界連楚粵，崎嶇險峻，延袤皆山。內有三
關九圖，環溪峭壁，昔為閩廣之交，誅茅而處，鑿山種麻。」[30]
因為他們是外來人，很難進入當地有數百年之久定居歷史的土著
社會和聚落中，所以往往要在山上搭棚居住，或散居於山間大小
不一的盆地中，形成自我認同並有較強凝聚力的獨特人群。到明

29　參見曹樹基《中國移民史》第六卷，福建人民出版社 1997 年版，第
　　223-225 頁。

30　見曹樹基《中國移民史》第六卷，第 225 頁頁下注 1。

末時，這一帶的流民人數大約已有幾十萬之眾。從所見史料看，入清以後較早關注這個人群的江西巡撫是蔡士英。順治九年（1652 年）底，他就發布了《諭宜春山關棚客示》，其中先提到：

> 查得宜春石薦、里外、三關等處，向有福建、撫州等處人民，流寓四鄉，寄居種芓。日聚益眾，已有年矣。後值變亂疊更，乃遂占據山場，逋逃亡命，自立客長，號招異類，恣行劫掠。屢經剿洗，悉就招撫。前撫不忍加誅，行令編入冊甲，設立甲長棚長，稽察匪類。

此中提到的棚客占據山場，「逋逃亡命，自立客長，號招異類，恣行劫掠」，即直指明末清初這一帶棚客的反清歷史：在崇禎末年，閩地移民以天井堝為中心，在邱仰環的帶領下攻入袁州府城，起兵抗清；順治五年金聲桓舉兵反清時，袁州朱益吾又率閩人起兵響應，最後在官府的追剿下受撫。從這位巡撫的敘述中還不難看出，在其前任期間，對這片多事之地就已經剿撫並用，並且著手在棚客中編制保甲，設立「甲長」、「棚長」以加強管理。

既然有此前科，蔡士英遂以強硬的口氣繼續提出警告，而且已經明確提到可能採取驅逐其回鄉的手段：

> 本部院蒞任以來，訪知前情，念爾等久聚此土，不忍遽為驅逐，合行申諭。為此示仰宜春棚客人等知悉：爾等既以寄命於

茲，當以身家為念，務宜互相勸誡，共作良民，恪遵憲令，毋蹈前非。倘有不軌之徒及逋賦之人，潛住彼地，即行送出，毋得附和隱藏，釀成禍患，自干國法。敢再故犯，不惟驅逐，失爾本業，定行搗巢掃穴，即性命亦不保矣。特示。

到順治十八年，施閏章開始任擔分守湖西道的道員，也曾寫過多首關於麻棚及其「客子」的詩文，其中即反映了他們和當地土著居民之間的矛盾衝突：

山陬鬱鬱多白苧，問誰種者閩與楚。伐木作棚御風雨，緣崗蔽谷成儔伍。

剝麻如山召估客，一金坐致十石黍。此隰爾隰原爾原，主人不種甘宴處。

客子聚族恣憑陵，主人膽落不敢語。嗟彼遠人來樂土，此邦之人為誰苦？[31]

康熙《袁州府志》還收錄當時宜春知縣的詳文，說明從明後期到康熙年間棚民的人數和身分變化問題：「宜春麻棚從前賦役未載，只因閩省留民流寓袁陽與楚接壤之界。深山窮谷，素為不毛之地。流民居久，墾開種麻，日漸日繁，稍有麻利。因以流民

31　施閏章：《麻棚謠》，《學余堂詩集》卷十九，《四庫全書》集部，上海古籍出版社 1989 年影印版，第 1313 冊，第 538 頁。

改為棚民，起編棚戶二千六百八丁戶。」由此可見對棚民的管理有一個前後變化，即明末時棚民並沒有進入當地的徵稅系統，被編入賦役冊籍是清康熙朝以後的事。

然而，從前引康熙《萍鄉縣誌》的記載可知，當吳三桂叛軍占領長沙後不久，「棚逆朱益吾」等再次起事呼應，「恣行焚戮，沿鄉擄劫」，並且配合叛軍攻陷了萍鄉縣城。作為反擊，時任袁州副將的趙應奎很快就捕殺了「棚逆」首領朱益吾。此後棚民已和叛軍混合在一起，清軍與之反覆拉鋸，直到康熙十七年初。當時，清軍雖已基本收復江西地面，但仍有吳三桂軍韓大任部殘軍據守萬安縣梁口，控扼贛江十八灘上端。後又轉移到興國縣寶石寨，再流竄於廬陵、永豐等縣山區。而清軍主力剛剛攻占湖南攸縣、茶陵，並加緊進攻永興、郴州、宜章等城，急望調動袁州等地的守軍赴援。從康熙十七年正月到七月的半年多時間裡，從康熙帝到清軍將帥皆認定「江西通省所繫，惟在茶陵」，「茶陵、攸縣，關係江西全省」；康熙下的諭旨一再指示：「蓋以江西地方，所關甚巨……務令江西不生事變」，「穆占等其同心詳酌，力御賊寇，保固江西，使萬無一虞，以副朕懷」等等。[32]因此，緊靠攸縣、茶陵，控扼入湘要道的袁州地區的安危問題，就必然

32　這些諭旨分別見於《清聖祖仁皇帝實錄》卷七十二（康熙十七年）「三月乙亥」條、「閏三月丁巳」條、「七月庚子」條，「七月甲辰」條。直到該年九月，康熙給兵部的諭旨才有稍鬆一口氣的感覺：「向以江西可虞，因調總漕帥顏保前往。今南昌已為內地，其令帥顏保赴吉安鎮守。」可見即使如此，康熙還是沒有放鬆對贛江中游的防守部署。見同卷（康熙十七年）「九月乙亥朔」條。

成為重中之重。而從趙應奎向清廷呈送的《為呈報驅逐棚民以靖地方以固邦本事》中，看出袁州地方並不安寧，官府尤以棚民為心腹大患，三關地區隨時可能爆發不測之事，十分堪憂：

昨本部院進剿銅鼓，賊眾望風披靡，其潰敗逃竄者或三五十，或百十成群，潛伏三關之內，而棚民且為之容隱，以致百姓不敢進內耕種，田土悉屬拋荒。且包藏禍心，日則剃髮是民，遇晚糾黨行劫，且通各處賊寇，暗行不軌。其叵測情形，屢經報明在案。萬一將來別境稍有蠢動，又復乘機竊發。且三關地連蘆溪、宣風、長沙孔道，若不亟行屏逐，實萬分可慮，誠為袁隱憂。

這樣，此時動用軍隊立即驅逐當地山區的附叛棚民，就完全順理成章了。於是在袁州總兵趙應奎的直接指揮下，斷然採取了驅逐行動。康熙二十二年修《宜春縣誌》收錄的《總鎮趙咨呈稿為呈報驅逐棚民以靖地方以固邦本事》中，對此項行動的過程和地點記述得甚為詳細：

（康熙）戊午年（按：即十七年，1678年）正月初六日，遣健丁營守備許君用、中營趙光正，會同袁軍廳孟前往三關九圖等處，驅逐棚民。又檄防守櫧樹潭都司汪國樑驅逐慈化余家坊、桐木、上栗市莿坪、黃塘、馬嶺、桃塘、馬坑、施家坊等處，驅逐棚民數千餘戶，悉令回籍，永絕根株。

《宜春縣誌》還附錄了《文武公祖父母驅逐棚寇功德碑文》一通，簡述了「附逆」棚寇投誠在前，盡被驅逐於後的過程：

尋復招楚界負嶋窮寇，儘數投誠，且搜剔三關九圖遺類，勒令回籍，是一時倒懸之厄可解，而百年難拔之患獲除。但棚黨奸狡百出，陽托旋里，陰匿近境者實繁有徒。幸逢府主於、廳主楊、縣主王會同總鎮梁，深慮各屬鄉隅不戒從前之失，復貽滋蔓，與袁民約束再三，嚴行保甲之法，逐戶逐營查驅，毋俾遺種於茲土。

康熙二十二年（1683 年）修《萍鄉縣誌》對此也有簡要記述：「康熙十七年，大兵搗洗棚穴，驅除賊黨，難民稍得安業。」說明「驅棚」事涉袁州府屬數縣，影響之大不言而喻。

由於軍隊直接參與驅逐棚民，收效也極其迅速和明顯，贏得當地土著居民的一片讚頌之聲。為了表示對趙應奎等人的感激之情，袁州土著居民在碑文抬頭中將其抬升到「文武公祖父母」的地位，已經高於常見的「青天父母官」之謂，由此也反映出當地土著深感此舉一勞永逸地解決了多年存在的麻煩，清除了動亂之源。當時驅逐棚民獲得的客觀效果，是河谷平原及低丘地區的社會秩序逐漸恢復，土著民眾的生活趨於正常，有了安全感。這對身臨其境的土著民眾來說，無疑是一個期盼已久的正面結果和福音。

若加比較還可看出，康熙十七年正月發生在袁州的「驅棚」事件，與清順治朝起即開始實施的江南地區安插流民，速行招墾

的基本政策不相吻合。它是一個特例，是戰時狀態下江西地方為了落實康熙的戰略意圖而採取的措施之一，以掃除三藩殘餘力量，保證清軍後方安全為主要目的。它是一次軍事作戰而不是民事衝突，所以它不是也不可能在州縣官府的管理體系下實施。它以武力為後盾，具有強大的威懾力，所以幾乎在一日之內奏效。如果歷史對康熙朝平定三藩叛亂的戰事加以正面肯定和稱頌的話，同樣就沒有理由去譴責袁州地區的這次必要的軍事措施。而且只有這樣認識，才能具體而客觀地分析和評估三藩叛亂對江西地方社會生活的直接破壞和深遠影響。[33]

　　康熙二十年七月癸酉，清廷吏部題：「廣東廉州府知府佟國勳招民，應加議敘。得旨：前因用兵之際，故招徠流移，准令議

33　因為這場戰亂對江西地方社會生活的影響很大，以往史著都無法迴避，對其敘述和評論也不一致。許懷林著述站在農民戰爭的角度，對其加以稱頌（見《江西史稿》，江西高校出版社 1993 年版，第 557 頁「棚民的武裝反抗」一節）。前引曹樹基著《中國移民史》第六卷中，對江西西部地區棚民敘述頗多，該書第 225 頁「驅逐與招墾」一節提到：「在明末以來的三十多年時間裡，閩籍流民四次舉義，四次被壓……直到康熙十六年，吳三桂軍主力被困於湖南衡山，無力援手義軍，閩籍義軍在萬載縣櫧樹潭投誠。」其用詞所表現的傾向性，不言自明。似乎只有前引陳文華、陳榮華主編的《江西通史》，對此時棚民的舉動否定成分居多，雖然有些表述尚顯含混：「在與湖南交界的袁州等地發生了棚民援助、響應耿精忠叛軍事件，棚民會同耿軍曾一度攻打新昌……從總的來看，江西地方響應和參與三藩叛亂的大都是邊界地帶的山民或棚民，其具體的動機已不清楚。據現有史籍，並未發現其有明確的政治目的。邊界山民一直是一地方不安定因素，暴動事件時有發生，在三藩叛亂中趁勢而動，這也不足為奇。」詳見該書第 561 頁。

敘。今湖廣、江西、福建、廣東、廣西既已蕩平，俱屬內地，其招民議敘不准行。惟四川、雲、貴招徠流移者，仍准照例議敘。」[34]說明因為明末清初長期戰亂造成人口大量逃亡，田地荒蕪，曾迫使清朝政府鼓勵地方官員跨省招徠流民墾荒。而至此時，包括江西在內的內地諸省如果還有官員繼續執行這一政策，不再成為論功嘉獎的政績。這也從一個側面反映出，清前期政府大規模組織移民墾荒的政策，此時在內地諸省停止實施。

第四節 ▶ 江西督、撫建制的調整及地方精英對清政權的逐漸認同

一 「南贛巡撫」與「江西總督」建制的調整

「南贛巡撫」始設於明代弘治八年（1495 年），既是在江西、福建、廣東、湖南四省交界地域正式設立的一個新政區，也是一個准省級官職。南贛巡撫的職責與一般的巡撫不同之處在於：它以軍事征討盜賊為主要任務，不預民事，以解決諸省交界「三不管」地區「盜賊」層出不窮的治安與政治問題。[35]

34　《清聖祖仁皇帝實錄》卷九十六，「康熙二十年七月癸酉」條。

35　詳見唐立宗著《在「盜區」與「政區」之間——明代閩粵贛湘交界的秩序變動與地方行政演變》（台灣大學出版委員會 2002 年版）。該書近 600 頁，並附有圖、表 50 餘幅，可稱皇皇巨製，是至今所見對於南贛巡撫最為深入和厚重的研究專著。唐著引《明孝宗實錄》「弘治

南贛巡撫治所長期設在贛州城，其得名本意，指核心轄區為南安（治今大余縣）、贛州二府。因為贛州在唐代曾稱「虔州」，加上明代巡撫多以都察院都御史身分派任，故時人往往又稱「南贛巡撫」為「虔院」、「虔臺」、「虔鎮」。為平息地方動亂的需要，明朝政府在不同時期賦予南贛巡撫管轄的範圍也有盈縮變化，故有「七府一州」、「八府一州」、「九府一州」、「八府二州」、「四省八郡」、「三省六郡」等不同的表述。大致可以分為

八年四月辛巳」條，説明設置南贛巡撫的基本原因和轄區範圍：「先是，鎮守江西太監鄧原奏：『南、贛二府界福建、廣東、湖廣之交，流賊出沒，事無統一，難於追捕。以致盜賊猖獗，地方不寧。宜增設巡撫都御史一員，專以贛州為治所，兼理南安、贛州、建昌三府，及廣東之潮、惠、南雄，福建之汀州、湖廣之郴州等處捕盜事，其南贛兵備副使暫為裁革。』兵部覆奏，詔從其議。巡撫官命吏部會推，故有是命」（第 252 頁）。唐著將南贛巡撫的主要任務歸納為「安撫軍民」，「修理城池」，「禁革奸弊」，「一應地方賊情軍馬錢糧事宜」，「小則逕自區畫，大則奏請定奪，其餘民情事務不須干預」等五項（第 259 頁）。作者對南贛巡撫的基本評價是：「雖為統合『三不管』地域與事務而設，但在維持著明初遏止地方分權過大的政策下，始自設置起就未曾被充分授予絕對的職權。實際上，巡撫行事仍然遇到無數阻礙，在職責未專的情況下，即使是力盡筋疲，轄下各級官員也未必俯然從命；若處理不慎，事關相鄰督撫，動輒還會被視作侵權之舉。政治社會的難題不斷湧現，這在各省拖欠協濟銀兩的財政收入，以及軍事征剿的責任歸屬問題上至為明顯，亦即『三不管』問題依舊存在，特別是在事權的矛盾上，一直無法有效解決，南贛巡撫終究落至裁撤的命運」（第 502 頁）。所以，「若以明朝南贛毗鄰地區社會與政治互動關係的發展來看，我們可以發現即使明政府有心加強對地方的統治，其結果卻證明這個目的是失敗的」（第 493 頁）。唐著多次引用的還有另外兩部相關著作：張哲郎著《明代巡撫研究》（臺北：文史哲出版社 1995 年版）；靳潤成著《明朝總督巡撫轄區研究》（天津古籍出版社 1996 年版）。

三個階段：一是弘治八年至弘治十六年（1495-1503 年），可稱
為「巡撫江西等處地方」時期；二是正德六年至嘉靖四十五年
（1511-1566 年），可稱為「巡撫南贛汀漳等處地方」時期；三是
隆慶元年至崇禎十七年（1567-1644 年），可稱為「巡撫南贛汀
韶等處地方」時期。就江西境內的變化概況是：在弘治時期南贛
巡撫包括建昌府在內，其事權甚至一度覆蓋江西全省；而在後兩
個階段最值得注意的變化，是屬於撫州府的樂安縣和屬於吉安府
的泰和、永寧（今寧岡縣，現併入井岡山市）、萬安、龍泉（今
遂川縣）等四縣也納入南贛巡撫轄區。這種變化說明：明政府逐
漸意識到除了南嶺山脈和武夷山脈對江西具有省界意義外，還要
加強江西境內的管理並控扼大庾嶺通道，還必須強化對贛江的萬
安十八灘和贛中山脈一帶的治安管理。而湖南境內的郴州府和桂
陽州，也屬南贛巡撫轄區，因而對其官職最詳全的名稱曾是「巡
撫南贛惠潮汀韶郴桂都察院右副都御史」[36]。而從總體變化趨勢
看，儘管每當臨海的潮、惠兩州發生寇亂時，南贛巡撫必定不會
袖手旁觀。但到嘉靖、隆慶之際，南贛巡撫的轄區不再包括這兩

---

36 明萬曆後期刊印的江西人章潢撰《虔鎮事宜》中，明確描寫南贛巡
撫的轄區範圍：「南安（府）在西，贛州（府）在東。贛州東南為汀
州，汀州東南為漳州。贛州南為惠（州）界，龍南縣山峒接惠州三浰
寨，安遠縣東過登頭嶺即汀州府武平縣。安遠縣南過達鼓嶺皆惠州山
峒。南安縣南二十五里過梅嶺為南雄，南安西過橫水、桶崗、聶都
山為桂陽州。峯人溪峒連接郴州、桂陽州，以都御史總轄有以也。」
（章潢《圖書編》卷四十九，轉自唐立宗《在「盜區」與「政區」之
間──明代閩粵贛湘交界的程序變動與地方行政演變》第 290 頁頁下
注 137）

個府。就此意義考察，說明到明代後期，南贛巡撫已經逐漸退出征剿海盜和倭寇的戰場，而把主要精力集中到治理崇山峻嶺中的「山賊」、「土寇」[37]。也正因此，有明一代南贛巡撫因其權重而名滿天下。

清軍入主之初，並無任何管理江南地區的經驗，直接繼承了明朝政府南贛巡撫的管理體制。順治元年（1644 年）十月，以故明郧陽撫治苗胙土為都察院右僉都御史，巡撫南贛、汀、韶等處地方，提督軍務。這是現見清廷最早對南贛巡撫一職的任官。順治三年八月，清廷「定江西官兵經制」，其中在江西巡撫和南贛巡撫標下，直接管轄的士兵人數和軍官配置是完全相同的，即：標兵一五〇〇名；中軍兼管左營游擊一員，旗鼓守備一員，守備一員，千總一員，把總二員；右營游擊一員，守備一員，千總一員，把總二員。

順治三年十二月，「（升）天津兵備道、右參政劉武元為都察院右副都御史巡撫南贛、汀、韶等處，提督軍務」。順治六年四月，升南贛巡撫劉武元為都察院右都御史兼兵部侍郎，以此獎

37　明人王士性在萬曆二十五年撰成的《廣志繹》卷四中，對南贛巡撫的轄區、職掌與功用等記述甚詳：「南贛稱虔鎮，在四省萬山之中，轄府九：汀、漳、惠、潮、南、韶、南、贛、吉；州一：郴；縣六十五，即諸郡之邑也；衛七：贛州、潮州、碣石、惠州、汀州、漳州、鎮江。衛所官一百六十四員，軍二萬八千七百餘名；寨隘二百五十六處，專防山洞之寇也。正嘉之間，時作不靖，近稱安謐，要在處置得宜爾。」參見呂景琳點校本，中華書局 1981 年版，第 85 頁。

勵他擊敗南明李成棟部的進攻。到順治十年七月，又因為攻占廣東論功行賞，再加巡撫南贛兵部左侍郎兼都察院右都御史劉武元太子太保、兵部尚書銜。同月，又「以總督倉場戶部侍郎宜永貴為兵部右侍郎兼都察院右僉都御史，巡撫南贛、汀、韶、惠、潮、郴、桂，提督軍務」。順治十二年三月，宜永貴與福建巡撫佟國器職務對調，佟國器任南贛巡撫。從此後兩年佟國器的奏章看，除了報告平息粵北興寧縣「峒猺」等消息外，還申報「保昌縣知縣白可久因沖邑艱煩，屢受使差凌辱，又為派徵西船隻糧料等項，支吾無術，憂激自刎……」[38]甚至兵燹之後各地申報的節婦烈女旌表事宜，也在其職權之內，[39]可見此時軍事紛繁，地方並未安寧，南贛巡撫在理民方面還負有相當權責。

順治十五年六月，佟國器調浙江巡撫並提督軍務，「升都察院右僉都御史蘇弘祖為右副都御史巡撫南贛、汀、韶、惠、潮、郴、桂地方，提督軍務」[40]。康熙元年（1662 年）二月，升廣西

38　《清世祖章皇帝實錄》卷一百十一，「順治十四年九月辛酉諭兵部」條。

39　《清世祖章皇帝實錄》卷一百七「順治十四年二月甲午南贛巡撫佟國器疏報」條：「節婦江西長寧縣民羅大美妻謝氏，年二十五夫亡，止妾生一子，教育成立，奉姑生事死葬，克敦婦道；繼遭兵燹，仳離苦節，至老彌堅。福建上杭縣民詹鳴華妻賴氏……俱請照例旌表。疏下禮部。」

40　順治十七年二月，左都御史魏裔介「參奏南贛巡撫蘇弘祖玩寇殃民，貽誤封疆，江西巡按李之粹畏懦溺職。俱下所司察議」。見《清世祖章皇帝實錄》卷一百三十二，「順治十七年二月己酉」條。

左布政使胡文華為南贛巡撫[41]。八個月以後，以原任延綏巡撫林天擎為南贛巡撫。這是入清以後最後一任南贛巡撫，而其歷史使命的最終結束，既與康熙初年康熙帝著意進行的削藩舉措捆綁在一起，也與清廷在入主近二十年後，逐漸進行地方軍制改革，在各地重新部署綠營軍力的戰略布局相配套，並在此後數年之久的平息三藩叛亂的戰爭中，進一步考驗這種地方軍事力量的配置和指揮系統是否合理靈便。

在順治三年（1646 年）八月清廷「定江西官兵經制」時，在江西的綠營軍隊系統中，南昌提督總兵的級別最高，下轄「標兵五千名。旗鼓都司一員，中營中軍參將一員」。而南贛總兵和九江總兵所轄標兵也各為五〇〇〇名，但配置軍官為「旗鼓守備一員，中營中軍游擊一員」，總兵官皆不帶「提督」銜，其受駐守省城的南昌提督總兵轄制顯而易見。[42]三位總兵標下的中、下級軍官的配置則完全一樣，即：

> 守備一員，千總兩員，把總四員；左營游擊一員，守備一

41　唐立宗《在「盜區」與「政區」之間──明代閩粵贛湘交界的程序變動與地方行政演變》第 255-258 頁《明清南贛巡撫年表》中，漏缺此人。

42　在行政權力方面，南贛巡撫也比江西巡撫低一個檔次。如《清世祖章皇帝實錄》「順治十八年六月癸巳吏部題」條：「巡按已經停差，其地方事務俱交巡撫管理。今議定巡撫薦舉額數：……江西巡撫應薦方面官三員，有司佐貳官共五員，教官五員；南贛巡撫應薦方面官二員，有司佐貳官共三員，教官二員……著為例。從之。」

員，千總兩員，把總四員。右營游擊一員，守備一員，千總兩員，把總四員。前營游擊一員，守備一員，千總兩員，把總四員。後營游擊一員，守備一員，千總兩員，把總四員。

在各府衙所駐城池中，袁州駐軍級別最高，主將為「袁州副將」，下轄「標兵二千名。左營中軍都司一員，守備一員，千總兩員，把總四員；右營都司一員，守備一員，千總兩員，把總四員」。廣信、建昌、饒州、吉安四府駐軍皆由參將統領，下轄完全相同，為「標兵六百名。中軍守備一員，千總一員，把總兩員」。另有標兵五四○○名分別駐守在撫州、瑞州等十八個要地，還有標兵二二○○名各屬「分巡道」、「分守道」統轄。[43]

此後到順治十六年的十餘年間，除了順治四年九月增設「湖口縣南湖營守備、把總各一員，兵三百」外，清廷採取的基本措施是不斷裁減江西綠營的兵額，同時加強縣衙文官的職數，[44]反

43　撫州、瑞州營、南湖嘴、寧州銅鼓石、鄱陽湖、樟樹鎮、廣昌營、鉛山、萬安、長沙營、羊角水營、南康營、武寧營、永新、龍泉、永鎮營、橫崗營、永豐營等十八處官兵配置相同，為「守備一員，兵三百名，把總一員」。江西各分守、分巡道所轄官兵數量相同，皆為「中軍守備一員，兵兩百名」（詳見本書第二章第一節）。

44　《清世祖章皇帝實錄》卷四十九、九十五、九十六、一百二、一百二十七、一百二十八、一百二十九份別記錄了這一過程。「順治七年五月丁丑，裁江西遊擊一員，守備一員，千總二員，把總四員，兵三千名；福建兵五千名」。「順治十二年十一月戊申，裁江西袁州府永豐倉、廣信府廣濟倉、南康府豐積倉、南安府大備倉、會昌縣昌聚倉、信豐縣豐濟倉大使各一員，都司司獄一員；袁州衛知事一員；撫州、饒州、吉安、永新、安福、廣信、鉛山、信豐守禦所吏目各一

映出順治朝後期不斷復員收降的前明軍隊，以改變滿、漢軍人的比例並減輕軍費壓力，「與民休息」的這一基本趨勢。

在此過程中，以贛州城為中心鎮守「南贛」地方的重要性不僅沒有降低，而且越來越得到清廷重視。凡是剿滅由南明王朝指揮的江西南部軍事抵抗，都是南贛總兵官的首要任務。順治三年十月，清江西提督金聲桓剛剛攻占堅守近半年的贛州城，清廷即命江寧總兵官柯永盛移鎮南贛，透出其軍事指揮權直轄於兩江總督的消息。因而如有戰況和捷報，也常常由江南總督直接上聞。如順治十二年五月，江南總督馬鳴佩疏報：

> 偽伯陳其倫負固瑞金，後又依俯鄭逆，嘯聚大柏山內。南贛總兵官胡有升遣參將孔國治等率兵進剿，其倫敗遁，竄入寧都界內天心寨，為土人斬首以獻。捷聞，下所司察敘。[45]

員」。同年「十二月丁巳，裁福建操捕、屯田二都司；江西龍泉、信豐、會昌、南安四所」。「順治十三年七月戊申，裁江西袁州府副協都司一員，守備一員，千總二員，把總四員，兵六百名」。「順治十六年八月丙午，裁江西清江縣蕭灘驛、新喻縣羅溪驛、南城縣旴江驛、鉛山縣車盤驛、安仁縣紫雲驛、南康府匡盧驛驛丞；饒州府倉大使」。同年「九月癸酉，裁江西袁州、建昌、寧州、奉新各儒學訓導；宜春縣縣丞；秀江驛驛丞；萍鄉縣草市、撫州府望仙、南城縣藍田各巡檢司巡檢。吉安府遞運所、建昌府豐盈倉大使」。同年「十月丙辰，增設江西奉新、靖安、永豐、龍泉、萬安、永新、崇仁、東鄉、新城、南豐、瀘溪、上饒、弋陽、貴溪、鉛山、興安、樂平、安義縣縣丞」。

45　《清世祖章皇帝實錄》卷九十一，「順治十二年五月甲午」條。

順治十八年九月，清廷升江西巡撫張朝璘為江西總督，這是入清以來首次設「江西總督」一職，意味著在江西一省獨立設置一個軍事指揮區，這無疑是清廷在地方軍事部署及其指揮系統方面的一個新舉措。同月，清廷又任命內國史院學士董衛國為江西巡撫，開始了董衛國主持江西政務、軍務長達十八年的歷史階段。同年十二月，清廷命江西提督（即總督的副職）移駐贛州府。此外還把原來「分隸浙督兼轄」，防備福建沿海鄭成功部的廣信府劃歸江西總督管理。這些舉措都有重要的開創意義，也為日後逐漸取代南贛巡撫的職掌創造了條件。此後江西總督雖然屢有廢置變化，但從此形成了江西總督坐鎮省城南昌，江西提督駐紮贛州城的慣例，也在江西省內實際形成北、南兩個防區和軍事指揮系統，各司其事，又彼此呼應。

康熙四年（1665 年）五月，議政王貝勒大臣、九卿科道會議吏部請裁併督撫一疏。康熙帝頒布的諭旨決定：

> 湖廣、四川、福建、浙江四省，仍各留總督一員。貴州總督裁併雲南，廣西總督裁併廣東，江西總督裁併江南，山西總督裁併陝西。直隸、山東、河南設一總督，總管三省事。其鳳陽巡撫、寧夏巡撫、南贛巡撫俱裁去。伊等應駐何地，著確議具奏。[46]

46　《清聖祖仁皇帝實錄》卷十五，「康熙四年五月丁未」條。

由此，江西總督裁撤，保留下來的江南江西總督（亦即時人通稱的「兩江總督」）駐紮江寧府城（今南京市）。清兵部又考慮到江西總督已經裁撤，但「省城要地不可無重兵彈壓」，遂令江西提督衙門改駐南昌府，得到康熙批准。在這個康熙帝蓄意「裁藩」的一攬子計劃裡，[47]從明代弘治朝創建，先後存在一七〇年左右的南贛巡撫作為裁撤對象之一，最終結束了它的歷史使命。[48]

康熙十二年底，吳三桂起兵叛亂。次年正月，兩江總督阿席

---

47 如「貴州總督裁併雲南」以後，貴州提督應駐紮於何處，清廷「令平西王確議」。兵部又議：裁併後的「江西、山西、山東、河南、廣西、貴州六省督標下副參游守等員缺，俱應裁去。所裁官弁，令該督遇相當之缺題補。所裁兵丁，亦令該督於緊要地方選用」。並見《清聖祖仁皇帝實錄》卷十五，「康熙四年五月丁未，議政王貝勒大臣、九卿科道會議吏部請裁併督撫一疏」條。

48 前引唐立宗《在「盜區」與「政區」之間——明代閩粵贛湘交界的程序變動與地方行政演變》即以康熙四年（1665年）為南贛巡撫結束管理之時，當有其依據。但《清聖祖仁皇帝實錄》卷二十一「康熙六年三月壬辰兵部議覆」條記載：「南贛巡撫林天擎疏參河南河北總兵官蔡祿自閩上任，攜帶官兵眷屬四千一百餘名，經長汀、上杭二縣，沿途索夫抬送，騷擾地方，請將蔡祿處分……」說明此時的「南贛巡撫」一官還未最後裁去，遇事至少還可以用原任職身分參奏。至康熙七年正月壬戌，「以原任南贛巡撫林天擎為湖廣巡撫」（《清聖祖仁皇帝實錄》卷二十五），此後在《清實錄》中再也沒有看到關於「南贛巡撫」的記載。清廷當是採取了當時屢見的出缺不加遞補的辦法，使之逐漸淡出並最後結束歷史使命。故此，似應以康熙七年正月作為「南贛巡撫」存在時間的最下限。另外從常情推斷，作為一個存在近二〇〇年並權重一時的省級衙門，在其被撤銷之後，必定還有一個裁撤官佐，安置家屬，處理各種遺留問題的過程。林天擎被任為湖廣巡撫，即當為此類舉措的實例之一。

熙請求調集所屬官兵備戰，一旦湖南告警，立即發兵馳援。康熙諭旨則告知清軍兵馬「不日抵楚，兩省官兵不必遣發……江西水陸皆與楚閩接壤，尤宜固守」。隨即清廷「改江西巡撫董衛國、湖廣巡撫張朝珍工部尚書銜為兵部尚書（銜）」。繼而又「添設江西、河南提督各一員，命原任浙江總督趙國祚為江西提督」。這些舉措，顯然都是在加強江西的軍事指揮力量。該年五月，江西巡撫董衛國丁父憂，因為前線形勢吃緊，康熙只允許其在任守制。到七月，清廷決定「另設江西總督員缺，升江西巡撫董衛國為之」。由此可見，半年之內江西的戰略地位和軍事指揮系統發生了幾個明顯的變化：一是一旦戰亂起於湘、黔，原駐黃淮流域的清軍主力必須假道長江、贛江一線出兵平叛，江西的戰略地位隨即明顯提高；二是因為進入江西境內的清軍大量增加，清廷即令江西巡撫一職帶上「兵部尚書」銜，使之可以參與軍機大事，便於指揮部隊；三是又在江西增添了一名提督，且由原來的浙江總督兼任，提升了權威性；四是終於又在江西恢復總督建制，並就近將江西巡撫提拔起來擔任，形成獨立的軍事指揮區。

康熙十四年十一月，江西巡撫白色純病故，由定遠平寇大將軍和碩安親王岳樂舉薦，原江西布政使佟國楨升授江西巡撫。兩個月以後，揚威大將軍和碩簡親王喇布向康熙帝建議：「贛州為江西門戶，投誠將士雜處，彈壓需人。請留總督董衛國於省會，令巡撫佟國楨速赴贛州經理。」得到康熙批准。從此時開始直到康熙十七年，江西巡撫佟國楨一直在贛州督戰，與坐鎮南昌的江西總督董衛國二人一南一北，遙相呼應，成為江西抵抗吳三桂叛軍進攻至為重要的兩名漢人高級指揮官。而南贛總兵官，則實際

成為江西南部軍區的前敵指揮。在此後四年江西南部抗擊三藩叛軍的作戰中，形成由三個系統組成的軍隊力量，即由定遠平寇大將軍和碩安親王岳樂等率領的清軍作戰大部隊，由南贛總兵官率領的地方駐軍，以及由江西巡撫派駐贛州實施的前敵督戰。在來往的清軍戰報與文牘中，將此三個來源的軍隊官兵關係簡稱為「滿洲大兵與撫、鎮兩標將士」**49**。

康熙十五年八月，因為主動舉報吳三桂部將高得傑發來的勸降信，清廷「加江西贛州總兵官哲爾肯署都督同知」銜，以示獎賞。年底，投降吳三桂的廣東原都督嚴自明、原總兵張星耀等率軍逼近南康縣，覺羅舒恕、總兵官哲爾肯等發兵進剿獲勝，嚴自明退守南安府（今大余縣）。但由此嚴自明部也像一個楔子，嵌入江西清軍與廣東清軍之間。此後，叛軍先後圍攻或占領信豐、上猶、贛縣、會昌、瑞金等地，在江西南部的腹心地區與清軍形成犬齒交錯之勢，你中有我，我中有你，清軍必須與叛軍一城一地、一人一吏地加以爭奪，頗感吃力。為此，康熙帝一再督催江西總督確保江西南部軍隊的弓箭、馬匹與給養。直到九月以後，戰局才向利於清軍的方面轉變，迫使原先已經起兵反清的尚之信再次向清朝投降。到康熙十六年四月以後，康熙帝雖然開始抽調部分江西綠營部隊進入湘、粵，但始終視贛州、吉安兩城為軍事要地，明確諭令「侍郎舒恕、總督董衛國、總兵官哲爾肯等分布

49　《清聖祖仁皇帝實錄》卷六十五，「康熙十六年正月戊子江西巡撫佟國禎疏報」條。

防禦，偵賊情形，不時奏聞」；並且轉授駐贛州的侍郎覺羅舒恕「安南將軍」印，以便其「統轄滿漢兵，防守地方」。由此可以看出以滿人軍事長官帶「侍郎」銜，統領駐紮贛南清軍的意義——明代中期以來，南贛巡撫在承平年代統管四省相鄰地區治安的功能，到了康熙前期大規模平叛作戰的非常時期，已被清朝的軍隊系統所取代。

康熙十六年十二月，吳三桂部副將韓大任從吉安城突圍後，遁入興國縣寶石寨，這一圍而不殲的結果使康熙帝大為惱怒，嚴厲訓斥了簡親王等清軍將領，並警告「若縱賊入楚，從重治罪」，另外還要求江西總督董衛國「統兵協力進剿」。很快，董衛國親率標兵趕赴吉安，「與大將軍簡親王共圖剿滅逆賊」。這是開始平定叛亂以來，江西總督董衛國第一次離開南昌去西部前線指揮，落實康熙帝向江西西部集中兵力並相機支援湘貴戰場的戰略意圖。次年三月至七月，江西巡撫佟國楨與安南將軍舒恕、南贛總兵官哲爾肯等先後收降踞守江西南部諸縣的吳軍殘部，韓大任部也在逃入福建後向清軍投誠，江西總督董衛國手下的綠營部隊也不斷西調入湘助戰。儘管康熙本人急於兵進湖南與吳軍決戰，但他始終強調南贛一帶的重要性，不肯移動此地的基本兵力配備，以確保這個溝通湘、粵、閩三省的重要孔道萬無一失。

此後，隨著清軍兵進湖南，浙、皖及江西中部以北地區逐漸成為安全的內地，清廷隨即著手裁撤因為平叛而臨時增設的提督、總督等軍職。如康熙十七年五月，「議政王大臣等會議：……今江西底定，安慶、徽州已屬內地，江南提督楊捷員缺，停其推補。應將安慶提督王永譽調為江南提督，統轄全省，

移駐松江」。得到康熙批准。康熙十八年三月，兵部題：「湖廣原設提督一名，康熙十七年因江西提督趙國祚調赴攸縣剿賊，授為湖南都督。今長沙諸府已經恢復，湖南提督員缺，應行裁去，湖廣仍設提督一員。」十一月，康熙諭兵部：「江西提督趙國祚老病不能效力，准以原品解任。提督員缺，停其補授，全省地方俱令（江西）提督許貞統轄。」[50]這樣，起初因為平叛戰事吃緊而增設一名的江南、江西、湖南等省提督相繼被裁撤，具體的做法就是原任提督或調任或解職，職位出現空缺後「停其補授」，使之不復存在。

與此同時，在江西也可以明顯看到一個清廷處分其軍政大員的過程。康熙十八年五月，直隸各省督撫遵例自陳。「得旨：『江西巡撫佟國楨著降二級調用，甘肅巡撫鄂善著解任，廣東巡撫佟養鉅著革職』。」六月，升湖南布政使安世鼎為江西巡撫。七月，九卿議復：「吏部掌印給事中李宗孔條奏：江西總督董衛國不能料理政務，致失民心；浙江巡撫陳秉直察吏無能，賢否混淆，俱應解任……」得旨：「董衛國著留任，軍前帶罪圖功；陳秉直著解任，余依議。」到十二月，「江西巡撫安世鼎疏報永豐、興國縣交界鵝公山偽總兵陳維貴等率眾就撫」。由此可見巡撫安世鼎已經不帶任何軍事職銜。康熙十九年七月，「革舒恕左

50　這是在《清聖祖仁皇帝實錄》中第一次見到「提督許貞」的頭銜，此舉即為其替代趙國祚並同時取消平叛之初增設的分管江西北部防務的第二個「江西提督」做好了準備。

都御史、佐領及世職務」。[51]康熙二十年十二月，（升）直隸巡撫
于成龍為江南江西總督。這是《清實錄》在平定三藩叛亂後首次
提到「江南江西總督」一職，至於何時正式取消「江西總督」，
《清實錄》中無載。而按前述諸提督空職後「停其補授」的做法
推測，應該是在康熙十八年處分了江西總督董衛國以後，或許也
是採取「停其補授」的相同手法。

康熙二十二年十二月，康熙帝在景山前殿諭浙江溫州總兵官
陳世凱、江西南贛總兵官許盛：「自吳逆叛亂以來，爾等提兵征
剿，戮力用命，掃蕩逆氛，建立功績，朕甚嘉之。但為將之道，
務在戢兵愛民，使兵民相安，則地方受福，汝等亦可永保勳名。
朕每見功大者易生驕傲，以致文武不和，地方多事，爾等當以此
為戒。」這道獎誡參半的諭旨蘊涵深意，很可體現康熙帝駕馭漢
人地方軍事長官的良苦用心與老到手法。由此也可看出，平定三
藩叛亂後，南贛總兵官一職依然很受重視，但其職掌與原來的南
贛巡撫之所司已經明顯不同——主要在江西南部的防區內管軍，
而不再具有牧民之責。在隨後有百年之久的承平年代裡，清廷把
江西、福建、廣東、湖南四省交界府縣的治安管理權重新打散，
復歸各省巡撫及總兵官加以掌控。

51　處分舒恕是七月初，七月底即諭兵部：「總漕帥顏保見在江西吉安，
　　令率所部速赴廣東，視南雄、韶州何地緊要，酌量駐鎮，以安輯人
　　心。」可見到七月時，康熙對江西形勢已經完全放心，才把從外省
　　調入江西並先後坐鎮南昌、吉安的清軍最後調往廣東前線，這也使
　　得他可以放手處分江西地方軍事大員。見《清聖祖仁皇帝實錄》卷
　　九十一，「康熙十九年七月戊辰諭兵部」條。

二 清代首批方志編修及地方精英對江山易姓的逐漸認同

據現存方志實物及有關工具書目統計，[52]從清朝定鼎到康熙二十三年（1644-1684 年）的前四十一年間，江西省及各府、縣至少編修方志八十六種。而清廷首次頒發全國範圍的修志通令，是在清康熙十一年。由保和殿大學士周祚奏請清廷：「各省通志宜修。如天下山川、形勢、戶口、丁徭、地畝、田糧、風俗、人物、疆域、險要，宜彙集成帙。」周祚的建議已提出了一些具體的修志內容，後經康熙帝批覆，轉發各省施行。同年七月，禮部又奏請修纂「直隸各省通志，請敕下該督撫詳查山川、形勢、戶口、丁徭、地畝、錢糧、風俗、人物、疆域、險要，照河南、陝西通志款式，纂輯成書」。禮部的題本不僅規定了各省通志的內容，而且進一步規定了通志的款式。河南巡撫賈漢復纂修的《河南通志》是清代最早修成的省志，於順治十七年（1660 年）成書，共五十卷，分圖考、建置沿革、星野、疆域、山川、風俗、城地、河防、封建、戶口、田賦、物產、職官、公署、學校、選

---

52 主要根據莊威鳳等主編《中國地方誌聯合目錄》（中華書局 1985 年版）、《中國方志叢書目錄》（台北：成文出版社 1996 年版）、中國社會科學院圖書館選編《中國稀見地方誌彙刊》（中國書店 1992 年影印版）、《北京圖書館古籍珍本叢刊·史部地理類》（書目文獻出版社 1998 年影印版）、《日本藏中國罕見地方誌叢刊》（書目文獻出版社 1992 年影印版）等所著錄和收錄的現存方志實物統計。而《日本藏中國罕見地方誌叢刊續編》（殷夢霞等輯，北京圖書館出版社 2003 年版）中未收江西方志，茲不計入。

舉、祠祀、陵墓、古蹟、帝王、名宦、人物、孝義、列女、流
寓、隱逸、仙釋、方技、藝文、雜辨三十門。其內容及分類較符
合要求，故清廷命令各省一律按此發凡起例、定下程式。各省督
撫奉命後，悉以此為例修纂志書。以此為界限計，江西在康熙十
一年（1672 年）以前共修纂新方志二十六種。其中，順治朝僅
編修五種，最早的是順治九年（1652 年）修《安遠縣誌》十卷、
《定南縣誌略》六卷。其次是十一年修《樂平縣誌》十四卷；十
七年修《吉安府志》三十六卷、《贛石城縣誌》十卷。康熙元年
（1662 年）至十一年，共修二十一種[53]：涉及地域為南昌府（治
南昌縣）、豐城、奉新、武寧、新昌（今宜豐縣）、高安、臨江
府（治今樟樹市）、峽江、袁州府、饒州府（治今鄱陽縣）、餘
干、貴溪、廣（永）豐、撫州府、金溪、東鄉、宜黃、萬安、永
豐、雩都（今於都縣）、信豐等縣。平均每年只修兩部，可謂不
絕如縷，勉為其難。

　　然而此時的修志之舉非同尋常，不可與承平時代的方志編修
同樣看待。從修志活動本身看，可以將其視為宋明以來江南地區

53　詳情為：康熙元年 3 種：奉新（14 卷）、（吉）永豐（6 卷）、雩都（今
　　於都，14 卷）；康熙二年 1 種：南昌府（55 卷）；康熙三年 2 種：豐
　　城（12 卷）、信豐（12 卷）；康熙四年 3 種：新昌（今宜豐縣，6 卷）、
　　撫州府（35 卷，首 1 卷）、東鄉（8 卷）；康熙五年 2 種：武寧（10
　　卷，首 1 卷）、宜黃（8 卷）；康熙七年 1 種：臨江府（16 卷）；康熙
　　八年 2 種：餘干（10 卷，首 1 卷）、峽江（9 卷）；康熙九年 1 種：袁
　　州府（20 卷，首 1 卷）；康熙十年 3 種：廣（永）豐（24 卷）、高安
　　（10 卷）、萬安（12 卷）；康熙十一年 3 種：貴溪（8 卷）、饒州府（40
　　卷，首 1 卷）、金溪（35 卷）。

修志傳統的一種延續，但是歷經明末清初那場天崩地裂的大變局後，對自己曾經生活甚至取得功名的那個「皇明」應當如何記載和評價？是否應該和可以為那些本鄉本土的抗清烈士立傳？如何解釋易代之後自己會參與新朝官府主持下的修志活動？等等，對於當時參與其事的各地文化菁英來說，這絕不是一件輕鬆易為的事情。以順治朝編修的五種為例，有四種出自明清易代戰爭比較持久且激烈的吉泰盆地及江西南部地區，耐人尋味。而就卷帙最繁、文化淵源最為深厚的方志而言，無疑當以順治十七年（1660年）修成的《吉安府志》為代表，修志者的心態也最為複雜。在其編修之時，距南明隆武朝臣堅守的贛州城淪陷十三年，距金聲桓反清兵敗南昌十一年，距南明永曆王朝的最後覆亡僅有十年。此時兵亂稍定，民生初步恢復。作為宋元以來特別是明代中期以來處於中國文化中心地帶的吉安府文化人，此時著筆編寫地方誌書，面臨的最大任務同時也是最大的困境，是在改朝換代之後如何面對前朝的歷史以及當地所取得的輝煌文化成就，如何去撰寫那些歷來引以為驕傲的前朝官宦的傳記，如何去記錄那些給地方民眾帶來巨大痛苦和刻骨銘心的戰亂經歷。具體到個人，又直接與修志者自己的過去和現實緊密相關。該志書中，作為表達編纂宗旨的《重修府志附言》竟由四人集體署名，即含大家共同負責之意，已經不同尋常。而細加對比則會發現：其居首位者歐陽主生（盧陵人）為崇禎三年（1630年）舉人，崇禎七年進士；羅光復（吉水人）是崇禎十五年舉人；而王辰（吉水人）與康若生（安福人），則同於清順治十四年（1657年）中舉。就其「出身」來說，有「當朝」和「前朝」的不同，真可謂「兩世為人」，如

何對待「勝國」和「新朝」，的確有不同的經歷和心態。

從順治十七年《吉安府志》體例看，作者基本上採用了斷代史的寫法，並且盡量收集和保留明代史料，且隨處可見「春秋筆法」。其中如在《賢侯傳》「永豐縣」條下，即為後來屬隆武朝宰輔並在兵敗後自殺成仁的瞿式耜作傳，稱頌瞿「由萬曆丙辰進士任永豐，練達通敏，修學校以育人才，著為士約，風俗一變，行取擢給事中。士民建亭，留像祀之」。在《列傳》中，照樣記載龍泉籍晚明官宦郭維經，只是不寫其後來堅守贛州直至城破殉難之史事，但其傳末的一段評價極高，堪稱蓋棺之論：

（維）經為人曠達，無城府，至事關天下利害，輒義形於色。居鄉恂恂，延接後學。如修城池，創復形勝，正官斛，均驛傳，邑人至今賴之。

而在「安福縣」和「龍泉縣」條下，記載清初的兩位縣令，則直接透露出清軍壓境後燒殺搶掠導致生靈塗炭的消息：

趙世獻，順天人，登（明天啟）丁卯賢書。任安福時方鼎革，邑罹兵燹。公主撫殘黎，損去一切文法，與民休息。歲丁亥大歉，石米至金七兩。侯多方拯救，為糜以膳，所活甚眾。眾兵往來境上，逍遙驕倨，掠財物不可誰何。公力戰之，邑遂少安。士民感其德，臨行，擁車輿哭泣遮道，亦僅見云。

薛世瑞，字執躬，山東范縣人。由明經順治三年授龍泉令。

是時，吉安初破，百姓死喪相望，不執之往，多竄身營伍，肆焚劫。邑南北環城十餘里，燒燬幾盡。瑞至日，往來營伍中，得一民，輒撫而哭曰：「是吾子也！」民被擄在兵者，見瑞輒呼號求救。甫定，即進庠序考校之，以作士氣。力請緩催科，革火耗，民籍全活者無算。五年，金聲桓判（叛），瑞遂遇害。戊子邑大飢，瑞亦食不飽，常市牟麥不能得，至夜乃一食。其清□愛民如此。[54]

同樣的修志舉措，也出現在江西南部的雩都縣（今於都縣）。入清後，雩都縣於康熙元年（1662 年）首次修志，主纂易學實是明崇禎十二年（1639 年）舉人。而參與修志的另一位年輕人為梅賁英，字子鶴，東一坊人，「順治丁酉科（按：即順治十四年，1657 年）以詩中式六十二名」，則是入清以來雩都縣第一位考取功名的後生。共同參與修志，實為兩代人的一場對話和磨合。在卷九《列傳》所附的《列女傳》中，專記明代女性三十一人，其中死於明末「寇亂」者二人。主修者在傳末有「論曰」一段，抒發其複雜的感慨：

　　史傳列女，凡女德之可傳者列焉，不止節烈也。雩俗閨門儉謹，雖縉紳素封家婦女，衣布茹蔬，不事華侈，而勤於補刺。男

54　趙、薛二傳均見該志卷十七《賢侯傳》，郭維經傳見卷二十《列傳三》（「明朝，起嘉靖，至萬曆甲申」）。

子衣履所自出，酒漿炊臼必躬親也。故女德可稱者，比屋有焉。易曰：地道無成，而代有終。抑又何以稱耶？惟節烈之表表有司上之朝廷見於褒嘉者書之。其有苦節可欽，幽芳未著者，尤不敢因其不能自暴也而略焉。嗟乎！女子守貞，自稱未亡，當其形影相弔時，嘗自傷其不幸矣，何以名為？然維持風教者，固不得不以名予之也。

　　如果細細咀嚼，可以體察作者的不言之意與難言之隱。在南方地區的民間社會，「女德」作為一種漢民族的倫理觀念和女性做人準則，主要是在明代中後期實施鄉土教化後逐漸傳播。其中堪為表率者，大多出自一些地方大族和士人之家。為「列女」作傳，某種意義上說就是在懷念明代培養的文化傳統和社會生活秩序。清初一批無法避世且又有濟世責任感的縉紳與地方文化菁英以「未亡人」自喻的心態，可謂欲言又止，感慨不已，最終躍然紙上。**55**

　　自康熙十二年（1673 年）開始，以三藩叛亂為分界，戰前和戰後江西各有一個修志高潮。前一個高潮出現在康熙十二年，一年內即修成二十三種，即：九江府（18 卷）、德安（10 卷）、

55　如易學實即顯例之一。他除了主修家鄉的志書外，還於康熙二十三
　　年（1684 年）參與了《贛州府志》（20 卷）的纂修，距其崇禎朝中舉
　　時已有 45 個年頭。以此推算，他參修《贛州府志》時至少在 70 歲上
　　下。史載清朝官府曾授其分宜縣教諭之職，為其所拒，有杜門三十年
　　著書之舉。《四庫全書總目》卷一百八十一《集部・別集類存目》收
　　錄易學實著《犀崖文集》25 卷、《雲湖詩集》6 卷。

· 康熙四十五年文天祥像贊（吉安市博物館提供）

瑞昌（8 卷）、湖口（10 卷，首 1 卷）、南康府（治今星子縣，
12 卷）、弋陽（10 卷）、德興（10 卷，首 1 卷）、浮梁（8 卷，
首 1 卷）、萬年（10 卷）、上高（6 卷）、新喻（今新余市，14
卷）、安義（10 卷）、進賢（20 卷）、崇仁（4 卷）、建昌府（治
今南城縣，26 卷）、南城（12 卷）、新城（今黎川縣，10 卷）、
瀘溪（今資溪縣，11 卷，首、尾各 1 卷）、吉水（16 卷）、新淦
（今新幹縣，15 卷）、長寧（今尋烏縣，6 卷）、龍南（12 卷）、
南安府（治今大余縣，15 卷）。戰後的修志高潮出現在康熙二十
二年（1683 年），一年內修成 25 種，即：德化（今九江縣，不
分卷）、彭澤（14 卷，首 1 卷）、廣信府（治今上饒市，20 卷）、
弋陽（8 卷）、興安（今橫峰縣，8 卷）、饒州府（治今鄱陽縣，
40 卷）、鄱陽（16 卷）、貴溪（8 卷）、安仁（今餘江縣，8 卷）、
宜春（今宜春市，20 卷，首末各 1 卷）、分宜（10 卷）、萍鄉（8
卷）、萬載（16 卷）、新昌（今宜豐縣，6 卷）、廣昌（6 卷）、
南豐（16 卷）、龍泉（今遂川縣，10 卷）、永寧（後改稱寧岡縣，
現併入井岡山市，2 卷）、永新（10 卷）、興國（12 卷）、瑞金
（10 卷）、安遠（10 卷，首 1 卷）、定南（10 卷）、上猶（不分

卷）、崇義（不分卷）。至康熙二十三年，又有上饒（12 卷）、餘干（13 卷）、德興（10 卷，首 1 卷）、樂安（10 卷）、（吉）永豐（8 卷）、贛州府（治今贛州市，20 卷）、贛縣（16 卷，首 1 卷）等七個府、縣修成方志，實為此前已在修志的掃尾工程。特別值得強調的是，在上述五十五種方志中，有二十九種是當地存世最早的一部志書，[56] 比重幾近百分之五十三。由此折射出明末清初前後四十餘年的天災戰亂，對江西社會生活和文化遺產的破壞之烈，同時也更凸顯出這批地方誌在記錄入清以來地方史事方面的重要價值。

正是在這些方志編修的基礎上，江西於康熙二十二年修成入清後第一部《江西通志》，五十四卷，由兩年前任兩江總督的于成龍等主修。在序言中，于成龍記述了修志的緣起與過程：

56　即德安、湖口、弋陽、德興、浮梁、萬年、新喻（今新余市）、安義、崇仁、南城、瀘溪（今資溪縣）、吉水、新淦（今新幹縣）、龍南、德化（今九江縣）、興安（今橫峰縣）、鄱陽、安仁（今餘江縣）、宜春、分宜、萬載、萍鄉、廣昌、龍泉（今遂川縣）、永寧（後改寧岡縣，現併入井岡山市）、興國、上猶、上饒、贛縣。在康熙十四年至二十一年（1675-1682 年）間，江西編修志書的還有 9 個府縣，即：十四年：建昌（今永修縣，11 卷）、會昌（14 卷）；十八年：安福（6 卷）；十九年：新建（32 卷，首、末各 1 卷）、寧州（今修水縣，8 卷）、臨川（30 卷）；二十年：樂平（16 卷，首 1 卷）；二十一年：浮梁（9 卷，首 1 卷）、金溪（13 卷）。其中會昌、安福、新建、臨川四縣此修志書也是其現存最早的志書。另外，《中國地方誌聯合目錄》還在康熙二十三年刻本《樂安縣誌》前，著錄康熙朝還有《樂安縣誌》（8 卷）抄本，郭肇基纂修，說明其至少在康熙前期已傳世。但因未能經眼查實其具體年份，未計入，有待後考。再有《婺源縣誌》（12 卷）為康熙八年刻本，劉光宿修，詹養沉纂，不計入。

辛酉冬，臣成龍蒙皇上簡命，總督兩江，以明年壬戌夏抵任。又明年癸亥，禮部奉旨督催各省通志。臣成龍駐箚江寧，既與江蘇巡撫臣余國柱、安徽巡撫臣徐國相同輯《江南通志》，見在付梓，另呈宸覽。惟江西去江寧千有餘里，控轄遼闊，不得身至其地。於是發凡起例，定為程式，移檄江西布政司兼攝撫臣事臣張所志諏日設局，羅致文獻，捃摭裒輯，鱗次櫛比，務期典核。

于成龍在序言的下半部分，除了對康熙帝的歌功頌德外，還特意提及剛剛結束不久的平息三藩叛亂之役及江西士民的態度：

昔者長鯨肆逆，鋒鏑瘡痍，羽檄燧燔，耄倪震驚。而豫章一境，士輯民安，砥滇、楚四接之狂瀾而障之，轉輸供億，罔敢愛將事之勞，又孰非皇上文德之誕敷，其澤之入人者深而教之淪浹者至乎？

作為當時掌控江西軍政大權的最高長官，于成龍的話說得文雅而概括。而細讀時任江西學政的高璜所作之序，則會看到清朝國家此時對江西之地和人的一種認識和評價。首先，高璜對江西所具有的重要戰略地位作了明確闡述：

西江邊於吳楚，介於閩粵，接壤兩浙，固四分五達之衢也。然吳不得之，無以為吳；楚不得之，亦無以為楚。故左為吳則吳重，右為楚則楚重。能使吾所左右之國重，不得不歸重於江國，

何者？權藉存焉耳！乃其首在五嶺，其尾在湖。嶺之深阻，湖之浩渺，錐埋鼓鑄之奸，出沒帆檣之盜，視天下為多。御得其道，則向之患苦長吏者，亦化為干城。故宸濠之叛，在先蓄湖賊閔念四等，而文成以全粵制其後，未嘗不藉瀏頭、桶岡化盜為兵之力。譬諸家：九江，門戶也，用以警暴客；又譬諸身，虡，爪牙也，用以犯患難。此其近於武事者也。

以之與明人的相關論述相比，[57] 可以看出經過明清之際數十年之久的殘酷戰爭，特別是剛剛結束與三藩叛軍在江西的長期拉鋸戰，清廷在江西大規模用兵，甚至不惜千里迢迢從北京和山西向江西調兵運馬，使之更加具有進行一場國內戰爭而不僅僅是剿平某地「盜賊」、「山寇」的宏大眼光，並因此掂量出江西之向

57　如王士性《廣志繹》中對明代江西的記述，主要在於「寇」、「盜」之亂及南贛巡撫的防範功能等。除了前文所引「南贛稱虡鎮……專防山洞之寇也」一段論述外，還寫到：「江右素稱治安之區。正德六年，諸郡縣盜賊蜂起，贛州、南安有華林寨、瑪瑙寨賊，其後撫州有東鄉賊，饒州有桃源洞賊。其始，行劫村落，官府捕之急，遂竄匿山谷，據險立寨。其魁首姓名不甚著，公移止稱某地賊，官兵討之不定，撫之不從。贛賊執參政趙世賢，華林賊攻破瑞州，江右大震。事聞，命都御史陳金總戎務，檄憲副周憲討華林賊，兵敗死之。乃檄田州等府狼兵協諸路官兵進剿。其土酋岑猛等多驕橫無節制，金姑息之。又檄按察使王秩、知府李承勳同剿。勳招降賊黃奇置麾下，以計破華林賊，遂移兵擊瑪瑙、東鄉，皆平之。惟桃源尚猖獗，然見諸寨平，又畏狼兵悍，遂乞降。後復叛，入徽、衢等處。金復督兵追擊，浙東兵夾擊之，乃平。大都江西之盜，始終以招撫為害云。」（見卷之四「江南諸省」，第81頁）

背具有「使吾所左右之國重」的分量。這是中國歷史上使用冷兵器作戰的條件下，京師位於北方的王朝中央對江西戰略地位認識所達到的一個新高度。

其次，是對江西文化概貌的評價：

> 乃其武在首尾，其文則在腹與腰，何者？山川清淑之氣，不屑為五嶽四瀆；渟郁而不洩，名材物怪交相激盪，必時有偉人生其間，挽洪鈞而扶皇極。若志牒所著，其大較者也。故大不如吳，強不如楚。然有吳之文而去其靡，有楚之質而去其獷，吾必以江國為巨擘焉！

高氏形象地指出江西的文化中心「在腹與腰」，其本意是由此引出話頭後加以發揮和申論，以達到讚揚江西士風的目的，但這番話對時任一省學政之職的高璜而言，事關重大，絕非空穴來風，無的放矢。在一代新朝建立之後，尤其在清朝貴族及其軍隊作為一個來自遙遠北地的「異族」，並在全體臣民中只占少數的情況下，從中央政府到各級官員，都有一個對不同地方的民性重新認識的過程。這種認識，可以從宋明以來甚至更早的歷代論述中找到一些至理名言和基本印象，但在經過一場天崩地裂的世變之後，清朝入主「中土」的新人們必定有自己的新認識和切身感受，甚至不免惡感。最為典型的例證，莫過於前引康熙十八年二

月康熙帝給兵部的諭旨，其中就充滿對江西士民的極壞印象。[58]這位國君信手點出江西十幾個府縣，斥責其「地方奸徒」和「縉紳兵民」等「所在背叛，忠義全無」，「輕負國恩，相率從逆」。由此可以想見在當時勝負尚不明朗的那場戰事中，江西民眾曾經怎樣的讓他傷透腦筋。然而，無論康熙帝的印象如何，他畢竟領導著一個剛剛穩定的王朝贏得了一場平息大規模軍事叛亂的戰爭，使他擁有了一個國君的氣度和自信。接著他又諭令各省府州縣編修地方誌書，既是為了抓緊記載平叛功績和三藩之亂造成的禍害，同時也是通過抓緊保留各地殉難的忠臣節烈事件，藉以證明此時清王朝已經有了一批忠於清廷而不僅僅是忠於前明的漢族臣民，證明一個「正統」的王朝形象和權威，已經逐漸地被越來越多的人所認同和接受，由此而可以增強其統治的自信心。所以，也正是在此修《江西通志》中，詳細記載了從順治三年到康熙二十年（1646-1681 年）共十一科江西舉人的取中資料，共 九四○人，涉及七十七個縣、州（府），詳如表 1-2：

· 表 1-2　入清至康熙二十年江西 77 縣、州（府）鄉試中舉人數統計

科次 縣名	順治 丙戌	順治 辛卯	順治 甲午	順治 於西	順治 庚子	康熙 癸卯	康熙 丙午	康熙 己西	康熙 主子	康熙 戊午	康熙 辛西	總計
南昌	28	24	15	14	7	9	5	6	8	6	6	128
豐城	19	10	7	3	1	2	3	4	2	1	2	54

58　見前引《清聖祖仁皇帝實錄》卷七十九，「康熙十八年二月己巳」條。

科次縣名	順治丙戌	順治辛卯	順治甲午	順治於西	順治庚子	康熙癸卯	康熙丙午	康熙己西	康熙主子	康熙戊午	康熙辛西	總計
金溪	2	16	9	5	5	4	4	4	2	2		53
臨川	13	11	10	6	1	3	4	2	2			52
南城	9	9	6	1	1	4	7	4		2	2	45
新建	6	5	2	4	3	4	1	2	3	4	4	38
安福		6	7	3	2	3	2	4	4	2	4	37
盧陵	1	3	6	5	2	3	1	2	4	3	2	32
進賢	7	5	2	2	1	4	2	2	2	2	2	31
高安	3	2	3	6	2	3	1	3	1	1	2	27
新昌	1	7	1	3	2	2	1	2	2	3	1	25
清江	1	4	5	3	2			2	2	4	1	24
鄱陽	3	4	1	3	1	3	1	3	2	1		22
建昌	3	1	1		1	3	1	2	1	3	1	17
吉水		2	3	3	1	1	2	1	3		1	17
新城			3	2		2	2	2	2	1	3	17
廣昌	1	1	1	3	2		2	2	2		2	16
崇仁	1	2	1	3	2	1	2		2			15
奉新	1	3	3	3	1		2				1	14
宜黃		1	3		2	3	1	3			1	14
新淦	1	1	1	3	3	2		1			1	13
泰和			1		2	2	2	1	1	2	2	13
德化	1		3		1	1	2	3			1	12
浮梁		1		2	2	1	2	2	2			12

科次\縣名	順治丙戌	順治辛卯	順治甲午	順治於西	順治庚子	康熙癸卯	康熙丙午	康熙己西	康熙主子	康熙戊午	康熙辛西	總計
永豐			3	4	1	1	3					12
南豐		2	2	1		2	1	1	1	1		11
永新		1	1	2	1		1	1	1	2	1	11
靖安			3	2	1		1			2		9
安義	2	2	2					1	1			8
彭澤	2		2	1				1	1	1		8
分宜	2	1		2	1			1				7
武寧	1	1	3							2		7
樂平		2	1	2		1			1			7
上高	1		2	1		1				1		6
宜春	1		1		1	2			1			6
新喻	2			2	2							6
樂安		1	2			1		1		1		6
寧都			1	2		2			1			6
貴溪			2	1				1	2			6
東鄉			2				2			2		6
萬安				2					1	2	1	6
贛縣						1	1			1	3	6
湖口	1			1				2		1		5
上饒			1	3					1			5
瑞金					2	1			1		1	5
安仁		1	1	1	1							4

科次\縣名	順治丙戌	順治辛卯	順治甲午	順治於西	順治庚子	康熙癸卯	康熙丙午	康熙己西	康熙主子	康熙戊午	康熙辛西	總計
瀘溪				1		1				1	1	4
星子	1	1		1								3
永寧		1	1								1	3
鉛山		1		2								3
峽江						1			1	1		3
瑞昌							1		1		1	3
玉山								2	1			3
撫州府										1	2	3
萬載		1		1								2
都昌		1									1	2
德興				1	1							2
上猶				1		1						2
龍南				1						1		2
興安					1		1					2
餘幹									1	1		2
德安										1	1	2
瑞州府										1	1	2
臨江府										2		2
廣信府											2	2

科次縣名	順治丙戌	順治辛卯	順治甲午	順治於西	順治庚子	康熙癸卯	康熙丙午	康熙己西	康熙主子	康熙戊午	康熙辛西	總計
會昌			1									1
石城				1								1
龍泉				1								1
雩都				1								1
崇義						1						1
寧州								1				1
安遠										1		1
興國										1		1
袁州府										1		1
九江府										1		1
南安府											1	1
信豐											1	1
總計	114	134	126	114	59	76	59	71	63	67	57	940

資料來府：根據康熙二十二年修《江西通志》卷二十二《選舉志》（明清兩朝）整理。

　　比較可知：從清順治三年（1646 年）起就有舉人取中的縣份共二十七個，總計其十一科取中者為六七四名，已占舉人總數的百分之七十一點一；如果再加上從順治八年第二科開始有舉人

·乾隆年間新建縣籍顯宦曹秀先書法刻石

取中的安福、吉水、宜黃、浮梁、南豐、永新、樂平、樂安等縣，則其人數增至七八九名，比重更高達百之八十三點九。這些縣分，主要處於江西主要河流兩邊的平原地區，是典型的魚米之鄉，宋明以來已有眾多科舉人士，「耕讀傳家」的價值觀深入人心，形成一方風氣和傳統，雖然新朝入主，戰亂未已，卻依然綿綿不絕。舉人既是取士的前提和後備人才，其中大多數人則又不可能離開鄉土，他們是一方之民望，是各地社會和文化事務的領袖人物和實際操作者，也是順康朝編修方志的主要捉筆人。這些事例也說明，到平息三藩叛亂之時，清王朝已經完成對明朝科舉

制度的承接，不僅在培養一批新人進入官僚機構，更重要的是在造就更多認同新朝的忠君之士。武略文韜，均於其中得到集中反映。一個逐漸遠離戰亂的承平時代，就此款款到來。

第二章——

清前期管理江西的重要

舉措與制度建設

　　清前期江西的行政區劃，在繼承明代的基礎上小有變革。康熙三年（1663年）裁撤南贛巡撫後，江西巡撫才完全管轄江西十三府。乾隆年間又增設「蓮花廳」，並將寧都縣升格為直隸州，以加強對湖西和贛州以東地區的管理。清初江西繼續設置南瑞、湖東、湖西、九南、嶺北等五道，但從康熙朝開始，各道守、巡並設的制度逐漸改變，先裁撤分守道，保存部分的分巡道，後來分巡道的職事也逐漸由督糧道、驛鹽道、兵備道等駐省城的專司衙門官員兼領。江西境內的戰亂自康熙十七年基本平息後，官府即考慮安置主要是進入周邊山區墾種的外省移民，准其按糧額重新編排里甲，與土著一樣納糧當差。但直到康熙中後期，江西西部的棚民仍被視為「異類」，從各級官員到當地土著都堅持把棚民和「賊人」、「匪類」聯繫在一起。雍正初年開始，在雍正帝的支持下，清廷開始採取更為積極安置棚民的措施，即准予移民在遷入地落籍，成為合法的編戶齊民，並給其子弟讀書和科考的前途。這種主張的基礎和前提，是改變了以前對棚民的定性，首先認定棚民是「閩廣寄籍之民」而不是「賊人」，因而要將其安置好。這個深諳統治之道的一攬子解決方案，成為江西、浙江等省安置移民的基本政策。而寧州土著對此進行了強烈抵制，地方騷動持續三個月之久，最後在官府的強硬表態和具有彈性的具體處置下才結束。寧州專門設置「懷遠」戶籍，成為江西西部地區率先落實移民安置政策的一個成功範例，其影響遠大於其他一些地方仍將移民附籍於土著的做法。從這個事關移民人群身分的制度性變化中，更可看到江西一些「有棚（篷）」州縣的社會衝突及其映照出來的時代變遷。與此同時，隨著移民入籍

及其力量的不斷壯大，江西科舉「冒籍」問題也主要表現在棚民集中的府縣。雍乾兩朝一些地方的土著和移民兩造為此爭訟不斷，特別表現在袁州府萬載縣的地方衝突之中，直到嘉慶十三年（1808 年）禮部採取分別劃定錄取名額的辦法，才基本平息土、棚的考試爭端。清前期，江西形成了一套較為完備的運漕管理機構，並分別於南昌府、吉安府、臨江府分片負責漕糧監兌。衛所的功能也主要體現在運漕方面，衛所官員的職責範圍逐漸與行政系統的州縣官吏趨同。各衛所漕幫靠屯漕生存，即實行屯田，以屯濟運，各軍丁「領屯起運」，常年擔負「南糧北調」的任務。康熙三十五年（1695 年）改制後，軍丁常年出運逐漸演變為運丁輪流領運，每年由一名運丁領運，其餘運丁出銀幫貼濟運。領運之丁從以前常年附著於漕船的「軍奴」，轉變為負責「徵租辦運」的漕船經營管理者，身分發生了重大變化。其雇募舵工、水手應募代運的行為也得到政府認可，運漕隊伍呈現民運化趨勢。江西官府除了歸併調整兌糧水次外，還對漕運中普遍存在的各種陋規進行整頓，並且採取多種方式撫卹運丁。

第一節 ▶ 清前期江西政區沿革與道員職權的調整

一　清前期江西政區沿革概況

　　明朝改元朝的「行中書省」為「布政使司」，改元朝的「路」為「府」，改「州」為「縣」。清代改「江西布政使司」為「江

西省」，巡撫成為全省最高行政長官，其官職全稱為「巡撫江西等處地方提督軍務、節制各鎮、兼理糧餉」。順治元年（1644年）置，署衙駐南昌，當時只轄十一府，江西南部的贛州、南安二府則歸南贛巡撫管轄。康熙三年（1664年）南贛巡撫裁省，贛州、南安二府統歸江西巡撫管轄。乾隆十四年（1749年），江西巡撫加「提督」銜。清前期江西巡撫任職情況詳如表2-1：

按照雍正九年（1731年）修《江西通志》卷二至卷三《沿革》的記載，江西省下轄十三府，七十七縣。十三府的排列順序及其轄縣分別為：

南昌府，轄七縣一州：南昌、新建、豐城、進賢、奉新、靖安、武寧、寧州（今修水縣）。

瑞州府，轄三縣：高安、上高、新昌（今宜豐縣）。

袁州府，轄四縣：宜春、分宜、萍鄉、萬載。

臨江府，轄四縣：清江（今樟樹市）、新淦（今新幹縣）、新喻（今新余市）、峽江。

吉安府，轄九縣：盧陵（今吉安縣）、泰和、吉水、永豐、安福、龍泉（今遂川縣）、萬安、永新、永寧（後改寧岡縣，今併入井岡山市）。

撫州府，轄六縣：臨川、崇仁、金谿（今金溪縣）、宜黃、樂安、東鄉。

建昌府，轄五縣：南城、南豐、新城（今黎川縣）、廣昌、瀘溪（今資溪縣）。

廣信府，轄七縣：上饒、玉山、弋陽、貴溪、鉛山、廣豐、興安（今橫峰縣）。

· 表 2-1　清前期江西巡撫任職年表

序號	姓名	籍貫	出身	上任時間	離任時間	月數	上任前官職	離任後官職	備　注
1	李翔鳳	漢軍鑲紅旗人		順治二年 1645／十	三年 1646 ／十	12	湖廣參政	卒於任上	1645 年耿焞為署巡撫，李翔鳳於 1646 年上任。
2	章於天	遼東人	舉人	三年 1646 ／十	五年 1648 ／五	18	山東兗西道參政		劉武元護巡撫。
3	朱延慶	漢軍鑲藍旗人		五年 1648 ／五	七年 1650 ／九	28	浙江嘉湖道參政	卒於任上	
4	夏一鶚	漢軍正白旗人	貢生	八年 1651 ／一	九年 1652 ／二	13	江南按察使	卒於任上	
5	蔡士英	漢軍正白旗人		九年 1652 ／四	十二年 1655／二	34	都察院左副都御史	擢曹運總督	
6	郎廷佐	漢軍鑲黃旗人	官學生	十二年 1655／二	十三年 1656／五	15	秘書院學士	兩江總督	

序號	姓名	籍貫	出身	上任時間	離任時間	月數	上任前官職	離任後官職	備　注
7	張朝璘	漢軍正藍旗人		十三年 1656／五	十八年 1661／九	76	戶部侍郎	江西總督	
8	董衛國	漢軍正白旗人		十八年 1661／九	康熙十三年 1674／七	94	內國史院學士	江西總督	
9	白色純	漢軍鑲黃旗人		十三年 1674／七	十四年 1675／十一	15	總督倉場工部尚書	卒於任上	
10	佟國禎	漢軍正黃旗人（佟佳氏）	拔貢生	十四年 1675／十一	十八年 1679／五	42	江西布政使	降二級調用	

序號	姓名	籍貫	出身	上任時間	離任時間	月數	上任前官職	離任後官職	備　注
11	安世鼎			十八年 1679／六	二十年 1681／四	22	湖南布政使	兵部尚書	署巡撫。
12	劉如漢			二十年 1681／四	二十年 1681／五	1	左副都禦史	丁憂	
13	李士禎			二十年 1681／五	二十年 1681／十二	8	浙江布政使	廣東巡撫	
13	佟康年	漢軍正藍旗人		二十年 1681／十二	二十二年 1683／六	18	福建布政使	卒於任上	
14	安世鼎			二十二年 1683／六	二十六年 1687／十一	53	原任補	革職	主修《江西通志》。

序號	姓名	籍貫	出身	上任時間	離任時間	月數	上任前官職	離任後官職	備注
15	王騭，字人嶽，號相居	山東福山人	進士	二十六年 1687／十二	二十七年 1688／一	4	太常寺卿	閩浙總督	
16	宋犖，字牧仲，號漫堂	河南商丘人	宿衛	二十七年 1688／四	三十一年 1692／六	50	江蘇布政使	江蘇巡撫	
17	馬如龍，字見五	陝西綏德州	舉人	三十一年 1692／六	四十一年 1702／一	114	浙江布政使	卒於任上	
18	張志棟	山東呂邑人	進士	四十一年 1702／一	四十三年 1704／	25	浙江巡撫	革職	
19	李基和	漢軍鑲紅旗人	進士	四十三年 1704／	四十四年 1705／四	14	湖北布政使	革職辦罪	

序號	姓名	籍貫	出身	上任時間	離任時間	月數	上任前官職	離任後官職	備注
20	郎廷極，字紫衡	漢軍鑲黃旗人	蔭生	四十四年 1705／四	五十一年 1712／十	90	浙江布政使	清運總督	初署巡撫，後實授。
21	佟國勷			五十一年 1712／十	五十六年 1717／七	58	湖南布政使	革職	
22	白潢，字近微	漢軍鑲白旗人	筆帖式	五十六年 1717／七	五十九年 1720／七	36	江西布政使	文華殿大學士	主修《西江志》、《聖祖實錄》。
23	王企靖	直隸雄縣人	進士	五十九年 1720／七	雍正元年 1723／一	30	戶部右侍衛郎	回籍	
24	裴率度，字晉武	山西曲沃人	附貢生	元年 1723／一	四年 1726／五	40	貴州布政使	遷戶部侍郎	
25	汪漋	湖廣江夏籍江南休寧人	進士	四年 1726／五	四年 1726／十	6	廣西巡撫	免	

序號	姓名	籍貫	出身	上任時間	離任時間	月數	上任前官職	離任後官職	備注
26	伊都立	滿洲正黃旗人	舉人	四年1726/十一	五年1727/五	7	山西總督	進京	1726年五月裴㻞度遷，汪㵣上任；十月汪㵣免，遺柱署；十一月伊都立代。
27	布蘭泰	滿洲正白旗人拜都氏	雲騎尉世職	五年1727/五	六年1728/八	15	戶部右侍郎署湖南巡撫	署江蘇巡撫	
28	張坦麟	湖廣漢陽人	舉人	六年1728/八	七年1729/七	11	內閣學士	進京	以內閣學士署巡撫，李蘭為護撫。

序號	姓名	籍貫	出身	上任時間	離任時間	月數	上任前官職	離任後官職	備注
29	謝旻	江南武進人	監生	七年 1729／七	十一年 1733／十二	53	太常寺卿署河南布政使	工部右侍郎	以太常寺卿署巡撫，1730年實授巡撫；主修《江西通志》。
30	常安，字履坦	滿洲襄紅旗人（納喇氏）	生員	十一年 1733／十二	十三年 1735／十一	23	貴州布政使	盛京兵部尚書	
31	俞兆嶽	浙江海寧人	廉貢生	十三年 1735／十一	乾隆元年 1736／十一	11	太僕寺卿	吏部左侍郎	勺承祖為護巡撫。
32	岳浚	四川成都人	蔭生	元年 1736／十	五年 1740／十一	49	山東巡撫	革職	

序號	姓名	籍貫	出身	上任時間	離任時間	月數	上任前官職	離任後官職	備　注
33	包括	浙江錢塘人	進士	五年1740／十一	六年1741／九	10	安徽布政使	回原任	初署巡撫，後實授。
34	陳宏謀，字汝諮	廣西臨桂人	進士	六年1741／九	八年1743／十	25	江西布政使	陝西巡撫	彭家屏為護巡撫。
35	塞楞額	滿洲正白旗人瓜爾佳氏	進士	八年1743／十	十一年1746／九	35	陝西巡撫	攉湖廣總督	
36	開泰	滿洲正黃旗人烏雅氏	進士	十一年1746／十	十二年1748／十	24	湖北巡撫	湖南巡撫	
37	唐綏祖	江蘇江都人	舉人	十二年1748／十	十四年1749／四	6	山東布政使	湖北巡撫	

序號	姓名	籍貫	出身	上任時間	離任時間	月數	上任前官職	離任後官職	備　注
38	阿思哈	滿洲正黃旗人薩克達氏	官學生	十四年 1749／四	十五年 1750／十二	20	甘肅布政使	山西巡撫	彭家屏為署巡撫。
39	舒輅	滿洲正白旗人		十六年 1751／二	十六年 1751／八	6	河南按察使	山東巡撫	
40	鄂昌	滿洲鑲藍旗人西林覺羅氏	舉人	十六年 1751／八	十七年 1752／十	14	署陝甘總督	甘肅巡撫	徐以升、定長為護巡。
41	鄂容安，字休如	滿洲鑲藍旗人西林覺羅氏	進士	十七年 1752／十	十九年 1754／九	23	山東巡撫	署兩江總督	

序號	姓名	籍貫	出身	上任時間	離任時間	月數	上任前官職	離任後官職	備　注
42	范時綬	漢軍鑲黃旗人	筆帖式	十九年 1754／九	二十年 1755／二	5	署湖南巡撫	署都統	王興吾為護巡撫。
43	胡寶泉，字泰舒，號怡齋	江蘇青浦縣人	舉人	二十年 1755／二	二十三年 1758／六	40	湖南巡撫	河南巡撫	
44	阿思哈	滿洲正黃旗人	官學生	二十三年 1758／六	二十五年 1760／十一	28	內閣學士	革職	初為署巡撫，1760年實授。
45	胡寶泉，字泰舒，號怡齋	江蘇青浦縣人	舉人	二十五年 1760／十二	二十六年 1761／八	8	河南巡撫	河南巡撫	1760年十一至十二月常均暫署巡撫。
46	常鈞	滿洲鑲紅旗人	翻譯舉人	二十六年 1761／八	二十七年 1762／五	8	署安徽巡撫	甘肅巡撫	湯聘暫署巡撫。

序號	姓名	籍貫	出身	上任時間	離任時間	月數	上任前官職	離任後官職	備　注
47	湯聘			二十七年 1762／八	二十八年 1763／五	8	湖北巡撫	湖北巡撫	明山為署巡撫。
48	明德	滿洲正紅旗人		二十八年 1763／五	二十八年 1763／十一	6	山西巡撫	江蘇巡撫	富明安為護巡撫。
49	輔德	滿洲鑲紅旗人	監生	二十八年 1763／十一	三十年 1765／二	15	河南布政使	卒於任上	
50	明山	滿洲正藍旗人		三十年 1765／二	三十一年 1766／二	12	廣東巡撫	陝西巡撫	
51	吳紹詩，字二南，號礒園	山東海豐人	生員	三十一年 1766／二	三十四年 1769／七	41	甘肅布政使	刑部尚書	

序號	姓名	籍貫	出身	上任時間	離任時間	月數	上任前官職	離任後官職	備注
52	海明	滿洲正藍旗人	翻譯生員	三十四年 1769／七	三十七年 1772／五	34	四川布政使	湖廣總督	
53	海成	滿洲正黃旗人		三十七年 1772／五	四十二年 1777／十一	66	山東布政使	革職	李翰為護巡撫。
54	那碩	漢軍鑲黃旗人	騎都尉世職	四十二年 1777／十一	四十九年 1784／四	77	浙江布政使	奪職	1777年高晉曾暫管巡撫，馮應榴為護巡撫。
55	伊星阿	滿洲鑲黃旗人		四十九年 1784／四	五十年 1785／五	13	四川巡撫	病休	李綬、薩載為護巡撫。
56	永保	滿洲鑲紅旗人	官學生	五十年 1785／五	五十年 1785／九	4	貴州巡撫	陝西巡撫	李承業為護巡撫，舒常為署巡撫。
57	何裕城，字福天	浙江山陰人	貢生	五十年 1785／九	五十五年 1790／四	55	陝西巡撫	安徽巡撫	

序號	姓名	籍貫	出身	上任時間	離任時間	月數	上任前官職	離任後官職	備　注
58	姚棻			五十五年 1790／四	五十七年 1792／六	26	江西布政使	丁母憂	初為署巡撫，後實授。托倫為護巡撫。
59	陳淮	河南商丘人	拔貢生	五十七年 1792／六	嘉慶元年 1796／十一	53	貴州巡撫	革逮	萬甯為護巡撫。
60	張誠基	山東金鄉人	進士	二年 1797／四	七年 1802／十一	67	安徽巡撫	革職問罪	1796 年十一月至 1797 年一月蘇淩阿兼管巡撫，期間臺布為署巡撫。
61	秦承恩，字芝軒	江蘇江寧人	進士	七年 1802／十一	十年 1805／六	31	直隸通永道	左都御史	

序號	姓名	籍貫	出身	上任時間	離任時間	月數	上任前官職	離任後官職	備　注
62	溫承惠	山西大谷人	拔貢生	十年 1805／十	十一年 1806／二	4	河南布政使	福建巡撫兼署總督	1805 年六月至十月安蔡、蔡承恩先後代巡撫此職。
63	金光佛，字蘭畦	安徽英山人	進士	十一年 1806／十	十一年 1808／十二	26	刑部左侍郎	刑部尚書	1806 年二月至十月李殿圖、景安、張師誠先後代巡撫此職，先福為護巡撫。
64	先福			十四年 1809／一	十九年 1814／一	62	光祿寺卿	陝甘總督	1808 年十二月至先福上任，吉綸代巡撫。1812 年陳預為護巡撫。

序號	姓名	籍貫	出身	上任時間	離任時間	月數	上任前官職	離任後官職	備注
65	阮元，字伯元，號雲台	江蘇儀徵人	進士	十九年 1814/一	二十一年 1816/六	27	漕運總督	河南巡撫	
66	錢臻，字潤齋	浙江嘉興人	監生	二十一年 1816/六	二十五年 1820/一	45	直隸布政使	山東巡撫	
67	瑞琇	滿洲鑲白旗人	貢生	二十五年 1820/一	道光元年 1821/七	16	江西布政使	卒於任上	
68	毓岱	漢軍鑲黃旗人	監生	元年 1821/七	二年 1822/五	10	湖北巡撫	病免	邱樹棠為護巡撫。
69	阿霖	滿洲正紅旗人	翻譯生員	二年 1822/五	一年 1823/一	10	浙江布政使	進京	鄧廷楨為護巡撫。
70	程含章	雲南景安人	舉人	一年 1823/一	四年 1824/一二	11	山東巡撫	署工部侍郎治直隸水利	

序號	姓名	籍貫	出身	上任時間	離任時間	月數	上任前官職	離任後官職	備注
71	毓岱	漢軍鑲黃旗人	監生	四年 1824/一	四年 1824/一	5	廣西巡撫	病休	高溥為護巡撫。
72	韓文綺			五年 1825/九	九年 1829/十	49	雲南布政使	都察院左副都御史	1824年月至1825年九月成格，武隆阿代巡撫職。
73	吳光悅	江蘇陽湖人	進士	九年 1829/九	十一年 1831/十二	27	都察院左副都御史	河北道	富呢揚阿為護巡撫。
74	吳邦慶，字霧峰	順天霸州人	進士	十一年 1831/十二	十二年 1832/二	2	曹運總督	河東河道總督	
75	周之琦，字稚圭	河南祥符人	進士	十二年 1832/二	十六年 1836/二	48	廣西布政使	湖北巡撫	桂良為護巡撫。

序號	姓名	籍貫	出身	上任時間	離任時間	月數	上任前官職	離任後官職	備注
76	陳鑾，字芝楣	湖北江夏人	進士	十六年 1836／二	十七年 1837／一	11	江蘇布政使	江蘇巡撫	
77	裕泰	滿洲正紅旗人	官學生	十七年 1837／一	十八年 1838／九	20	湖南巡撫	湖南巡撫	
78	錢寶琛，字楚玉，號頤壽老人	江蘇太倉州人	進士	十八年 1838／九	二十一年 1841／五	32	湖南巡撫	湖北巡撫	趙丙吉為護巡撫。

資料來源：本表主要依據《清實錄》製成，其他參考資料有：《清史稿》（趙爾巽等撰，中華書局1976年版）、《江西通志》（劉坤一主修，光緒六年刊本）、《江西通志》（謝旻主修，雍正年刊本）、《清代碑傳全集》（上海古籍出版社1997年版）、《四庫全書》、《近三百年人物譜知見錄》（朱新夏著，上海人民出版社1983年版）、《中國歷史大辭典》（鄭天挺等主編，上海辭書出版社2000年版）。

按清制，當巡撫遇有入覲、丁憂、陸遷、革職等情形，而朝廷又未及時派出正式官員時，就有署巡撫或護巡撫暫時代行其職。「護理」指暫任上級職務的代理和臨時代理兩種，「護理」、「署理」，分為正式授職前的代理，一般由布政使代理，即簡稱「護巡撫」。

饒州府，轄七縣：鄱陽、餘干、樂平、浮梁、德興、安仁（今餘江縣）、萬年。

南康府，轄四縣：星子、都昌、建昌（今永修縣）、安義。

九江府，轄五縣：德化（今九江縣）、德安、瑞昌、湖口、彭澤。

南安府，轄四縣：大庾（今大余縣）、南康、上猶、崇義。

贛州府，轄十二縣：贛縣、雩都（今於都縣）、信豐、興國、寧都、會昌、安遠、瑞金、龍南、石城、定南、長寧（今尋烏縣）。

其中，廣信府的廣豐縣在雍正九年以前也稱「永豐縣」。雍正九年，江西巡撫謝旻認為縣名與吉安府的永豐縣相同，頗多不便，遂題請清廷批准，下旨改為廣豐縣，帶有濃縮「廣信府永豐縣」的含意。

至乾隆八年（1743 年），清廷還批准新建蓮花廳，歸吉安府管轄。「廳」是清朝特有的地方行政建置之一，分為兩個級別：府一級是直隸廳，由省直轄；縣一級的稱「散廳」，由府管轄，新建立的蓮花廳即屬散廳。它所在的地區，正處江西、湖南兩省交界的羅霄山脈東麓，北接武功山脈，跨安福、永新兩縣的邊遠地區，歷來被視為「山僻民蠻，離縣窵遠，難於控制」。所以自明朝嘉靖年間開始，吉安府就往當地派駐官員，加強鎮守。雍正五年（1727 年）時，清廷也仿此措施，派吉安府同知駐守蓮花橋，以資彈壓。按清朝官制，同知為正五品官員，比知縣的官品明顯要高。同知都是派出駐守在重要之處，行「分防」之事，具體的負有如徵糧、緝盜、水利以及海防、江防等職責。蓮花橋一

帶派駐同知，足見其地勢險要而必須加強管理。吉安府增設蓮花廳的奏章由江西巡撫陳宏謀呈送，乾隆七年（1742年）先呈送一次無結果，次年再送才得允准，於乾隆八年十月正式設蓮花廳，廳治即在蓮花橋。蓮花廳下轄二鄉：莒西鄉，轄二十都，是將原來永新縣西部的安仁、西亭、登豐三個鄉的地面劃過來；上西鄉，轄十二都，是將原來安福縣的昆弟鄉的二個都及清德鄉全境劃過來。二鄉合計，一共三十二都。在清代江西縣一級政區裡，新建的蓮花廳政區範圍是比較小的，但正是在這片邊遠而險要的「三不管」山區，三藩叛亂期間曾出現地方「從逆」及與清軍的反覆拉鋸，官府對此始終存有戒心。新置蓮花廳即在其中心地區建立正規的官府機構，形成一片獨立的新政區，使其實施已久的彈壓功能制度化，藉以維護穩定的統治秩序。國計民生，均能得益。從戰略的高度看，此舉也是清江西官府繼續加強對湖西地區管理的得力措施之一。

乾隆十九年，原屬贛州府管轄的寧都縣升格為寧都直隸州，由江西省直轄，這是清前期江西政區最大的一次調整。此議由時任江西巡撫的范時綬向清廷提出，基本的考慮是贛州府管轄的政區太大，又以山區為主，民風強悍，「易藏奸匪」。其東部的寧都、瑞金、石城三縣，距離府城贛州的路程都在三四百里以上，遇事往往鞭長莫及。若將寧都縣改為直隸州，就是在贛州府東部地區建立一個准府級的統治中心，瑞金、石城得以就近管理，不僅利於官府，其實也在許多方面利於當地百姓的生活。同時贛州府管轄的政區縮小一些，對贛州知府的政務壓力也可相對減輕。清廷批准了范時綬的奏議，於同年閏四月正式將寧都升直隸州，

下轄瑞金、石城二縣。

因此，到乾隆十九年時，江西全省政區建置增為十三府，一直隸州，七十七縣。

二　江西「道」的劃分歸併及道員職權的調整

清前期江西在「省」和「府」之間，還設有「道」。「道」的設置，直接承襲明制，清初，最常見的是「分守道」和「分巡道」，分別隸屬於承宣布政使司和提刑按察使司，屬於江西省府職能部門的派出機構。同時，又兼有監察府、州、縣的職責。故而連同布、按二司，在當時通稱為「監司」。分守道員由江西布政司的參政、參議分司，分巡道員由按察司的按察副使、僉事分司。明末江西的十三府被劃為五道，分守道和分巡道的轄區基本一致，分別為：

南瑞道：轄南昌府、瑞州府，道員駐南昌。

湖東道：轄撫州府、建昌府、廣信府，道員駐上饒。

湖西道：轄吉安府、臨江府、袁州府，道員駐清江。

九南道：轄饒州府、九江府、南康府，道員駐九江。

嶺北道：轄贛州府、南安府，道員駐大庾。

從順治二年（1645 年）十一月到順治三年六月，清廷在江西先後任命了一批道員，但職掌不一，名目也與明制有所不同，明顯帶有戰時應需而行的痕跡。其中守、巡分司的有：楊毓楫為江西布政使司參政，分守南昌道；王繼祖為江西按察使司僉事，分巡南昌道。賀九郡為江西布政使司參議，分守湖西道；楊春育為江西按察使司僉事，分巡湖西道。巡、守未分的有饒南道童達

行，為江西省布政使司參政；湖東道成大業，為江西布政使司右參議；南瑞道齊之宸，為江西布政使司參議。只有分守道的是嶺北道，道員金震為江西按察使司副使兼參議。先後擔任分巡九江道的有黃澍、唐廷彥，兩人同為江西布政使司參議兼僉事。還有督糧道田時震，為江西布政使司參政。另有督領軍事的清軍驛傳道康萬民，為江西布政使司參政兼僉事；撫州兵備道李蔚起，贛州兵備道金燦，同為江西按察使司僉事。

另外，在順治三年八月確定江西兵制時，清廷還同時確定了各道配備的官兵數量及軍官級別。當時確認的道共有分巡南瑞道、分守南瑞道；分巡饒南九道、分守饒南九道；分巡嶺北道、分守嶺北道；分巡湖西道、分守湖西道；分守湖東道；廣撫建道；瑞南道。各道都是配置中軍守備一員，士兵二〇〇名。另有督糧道一人，只配置中軍守備一員，無士兵。由此也可見湖東道、廣撫建道、瑞南道只設一名道員，不分守、巡，或說是守、巡合一。

到康熙初，各道守、巡並設的制度逐漸改變，先是在一些地方裁巡留守。如江西，在康熙元年（1662 年）七月裁江西驛傳道一缺，湖西、湖東兵巡道二缺。十二月裁江西巡西、巡東二道缺，其事歸分守湖西、分守湖東二道兼理。到康熙六年，全國守、巡道員一共裁併一〇八人，出現了短暫的全國沒有分守、分巡道的局面。到康熙八年時又漸漸復置，故江西驛鹽道、分巡贛南道、分巡饒九南道三缺於康熙九年七月復設。正因為分守、分巡道員屬於派出，加上明清之際戰亂不已，道員廢置不常，所以各地文獻資料中往往對其缺載。康熙六年秋以江西參議之職分守

湖西道的施閏章在任期間，曾撰寫《分守湖西道題名記》，提到：明代後期南昌城內曾有湖西道分司官衙，後來則蕩然無存。他到南昌公幹時，只有把自己坐的船當作辦公場所。而「間覽郡志，自郡邑丞尉百執皆備書，守、巡兩使則闕焉。自明設此官，迄今且三百年，其間濯磨奉職，戮力旬宣茲土者，當可指數，今不載其政跡，且姓名湮滅，不得比丞尉百執事，無所勸戒，豈不可嘆哉」！於是他著意收集相關資料，一共找到曾分守、分巡湖西道的四十三人姓名刻成碑石，以存掌故。[1]

到康熙二十一年十月，清廷廢除分守、分巡並設的制度，江西即裁去分守湖西、湖東二道缺。但分巡饒南九道、贛南道的職掌不變，管轄州縣如故。

分守道既然裁撤，先還保存部分的分巡道，後來分巡道的職事也逐漸由督糧道、驛鹽道、兵備道等員來兼領。而「兼領」之意，還帶有原來的監察職能在內。督糧道、驛鹽道都是全省只設一員，長駐南昌，其實已經形成專司衙門，而不再是臨時派出機構。江西驛鹽道始設於康熙五年，管理全省鹽法。這個變化過程的完成，遷延康雍兩朝數十年時間。雍正《江西通志》記載：

雍正九年，以督糧道領轄南昌、撫州、建昌三府，為督糧兼巡南撫建道。驛鹽道領轄瑞州、袁州、臨江三府，為驛鹽兼巡瑞

1　參見施閏章《學余堂文集》卷十一，《四庫全書》集部，上海古籍出版社 1989 年影印版，第 1313 冊，第 138-139 頁。

袁臨道。饒南九道增轄廣信一府,為分巡廣饒南九道。贛南道增轄吉安一府,為分巡吉南贛道。

到乾隆十九年(1754 年),因為贛州府中分出寧都直隸州,所以分巡吉南贛兵備道改為分巡吉南贛寧兵備道,但轄區並無盈縮。

因為驛鹽道、督糧道、兵備道等員已逐漸變成實職,成為官階中的一級,所以只要有政績,一般都把他們提拔為某省的按察使,特別是任驛鹽道(有時稱「鹽法道」)一職者,最為常見。在江西,如乾隆元年四月閻堯熙升為湖北按察使,乾隆三年九月沈起元升為河南按察使,乾隆五年十月陳高翔升為山西按察使,乾隆六年八月石去浮升為湖北按察使,乾隆二十九年二月何逢僖升為湖南按察使,乾隆四十五年六月李封升為浙江按察使,等等。其他一些兵備道員也時見同樣的陞遷途徑,如乾隆元年四月「以江西廣饒九南道」升貴州按察使的陳德榮,乾隆五十年八月升河南按察使的穆克登;「以江西吉南贛(寧)道」升安徽按察使的,有乾隆二十年九月徐垣;升湖南按察使的,有乾隆四十三年正月塔琦等。而就任江西按察使一職的,也多為先在外省任道員者,原因相同。

第二節 ▶ 處理移民入籍引發的衝突和學額分配 的定制

一 雍正朝寧州設置「懷遠都」引發的土著抵制及其 示範意義

康熙十七年（1678 年）江西境內的戰亂基本平息後，官府即考慮安置主要是進入周邊山區墾種的外省移民；而更具體的政策背景，是受到康熙十九年江蘇布政使慕天傑均田均役疏奏影響，江西布政使亦要求各縣均田均役，實際就是按糧額重新編排里甲。[2]江西一些州縣重新編制當地圖甲時，開始准予移民落籍，「與土著一體」，納糧當差。典型之例如康熙四十三年興國知縣張尚瑗對太平鄉崇禎裡「山民戶」的「編冊審丁，廣為勸諭，按名核其詭寄重懲之。三閱月始就釐正，削去山民之名，與土著一體，有名之丁，悉造庭聽唱，魚貫忭踴」。由此可知，主要是進入一些山區的移民經過「編審」，成為國家官府認可的編戶齊民。[3]康熙中期以後江西各地移民安置的概況及其演變，可詳見本書第三章第一節，茲不贅述。

雍正元年（1723 年），清廷再度關注江西的移民安置問題，集中表現在對江西西部棚民問題上。[4]起因之一，是這年三月在

2　參見劉志偉《在國家與社會之間——明清廣東里甲賦役制度研究》，中山大學出版社 1997 年版，第 214-215 頁。

3　參見張尚瑗主修康熙五十年《瀲水志林》卷十七《近錄・志事》。

4　國內外學者研究江西棚民入籍及其對地方社會經濟影響的文章中，比

江西萬載縣發生了溫上貴謀亂。溫上貴原籍福建上杭，與臺灣朱一貴有聯繫，並計劃在家鄉鼓動鄉人呼應朱一貴起義。朱一貴失敗後，溫逃到江西萬載，暗中勾結「棚匪」數百人，還計劃攻掠萬載縣城。此事很快被萬載知縣施昭庭平息，但由此引起地方官府的警覺。四月中旬，上任不久的江西巡撫裴㳟度在接到布、按兩司詳報的犯供後，要求「嚴加搜捕，務盡根株」。裴在給雍正帝的奏摺中，表示「誠恐根株未盡，貽害地方」，「批司嚴飭文武官弁，再加巡查，嚴謹防範，務期寧謐」[5]。這說明此時江西地方長官仍然是把溫上貴起事當作與棚民相關的地方治安案件來看待的。

從該年十月十三日開始，江西巡撫裴㳟度又多次向朝廷奏報發生在寧州境內的銅鼓「賊人」搶劫殺人案[6]：

較重要的有〔日〕寺田隆信《關於雍正帝的除豁賤民令》，《日本學者研究中國史論著選譯》第六卷（中華書局 1993 年版，第 487-507 頁）；劉敏《論清代棚民的戶籍問題》，《中國社會經濟史研究》1983 年第 1 期；萬芳珍《清前期江西棚民的入籍及土客籍的融合和矛盾》，《江西大學學報》1985 年第 2 期；曹樹基《明清時期的流民與贛北山區的開發》，《中國農史》1986 年第 2 期；鄭銳達《移民‧戶籍與宗族：清代至民國期間江西袁州地區研究》，香港科技大學人文學部 1997 年碩士論文；梁洪生《從「異民」到「懷遠」——以「懷遠文獻」為重心考察雍正二年寧州移民要求入籍和土著罷考事件》，《歷史人類學學刊》第一卷第一期，中山大學歷史人類學研究中心、香港科技大學華南研究中心 2003 年版。

5　雍正元年四月二十一日「江西巡撫裴㳟度奏拿獲萬載縣糾眾放搶首犯折」，《硃批奏摺》第一冊。

6　「寧州」的建置沿革為：嘉慶五年以前稱「寧州」，嘉慶六年因嘉慶帝獎諭地方撲滅賊寇而欽賜「義」字，改稱「義寧州」。無論是寧州

雍正元年十月六日據寧州知州劉世豪稟稱：准銅鼓守備王凱移會內稱，九月二十七日謠言瀏陽縣界內石姑山有賊人從血樹凹入州境排埠，欲於銅鼓地方搶掠，未知虛實等語。該州隨諭總客長即棚長李上正督率各都練長前往防守，忽於三十日一更時分，瀏邑界上豎旗，殺死排埠塘兵二名。及至二更時分，李上正領伊子共二人俱遇賊人被殺等情……

裴還於雍正二年三月二十八日的奏摺中，就如何管理棚民提出見解，[7]據此可以清晰看出在雍正二年三月以前裴𢙯度對棚民問題的基本定位和處理措施是兩點：

一、棚、匪混雜難辨，來去不定，所謂「名為棚民，良韭雜處」；「此等匪類藏匿深山，棚民雜處，倏聚倏散」；「江省無知流匪倏聚倏散，閩廣之人棚居雜處，奸良莫辨。向亦時有竊發，隨犯隨處，皆未奏報」。從溫上貴和黃本習兩案的供詞看，西及

還是義寧州，當時版圖都包括了現在的銅鼓縣（是寧州所轄 8 鄉中的「武鄉」）。因山高林密，盜賊出沒，明萬曆時設「銅鼓營」，以靖地方。至宣統二年（1900 年）「營」改「廳」，皆隸屬於義寧州。直到民國二年（1913 年），「銅鼓廳」才改稱「銅鼓縣」，同年義寧州原轄其他地面改為「修水縣」。故雍正時期的「寧州」實際上大於現在的修水縣，還包括今銅鼓縣全境。修水縣至今仍是江西省政區面積最大的縣份，有四五〇四平方公里。銅鼓縣現今政區面積為一五四八平方公里。參見江西省測繪局編制、中華地圖學社 1993 年出版《江西省地圖冊》第 26、20 頁。

7　參見雍正二年三月二十八日「江西巡撫裴𢙯度奏報查編地方寧靖折」，《硃批奏摺》第二冊。

· 山間盆地：「懷遠人」的生活環境
（修水縣竹 村，著名史學家陳寅恪的祖籍地，梁洪生攝）

瀏陽，南至興國、上猶等地，都是「匪」的流竄之所，南北跨度
已在三○○公里以上，牽動了南昌和南贛兩大治安防區，又因多
是山區，緝捕難度很大。[8]

　二、除了追剿巡查外，稽查保甲幾乎是裴律度在此問題上的

8　江西地方長官在奏摺中多次提到的這些情況，顯然已給雍正帝留下很
　　深印象，並加意安排處置。雍正二年十月，新任南贛總兵黃起憲抵達
　　南昌時，署南昌鎮總兵陳王章向他傳達了雍正的如下口諭：「你若見
　　了黃起憲，可對他說：江西省地方就是我們兩人，我地方有了事情，
　　見不得你；你地方有了事情，也見不得我。」黃起憲深悟雍正的用
　　心，表示要「益加黽勉，與署南昌鎮臣陳王章同心協力，共竭駑駘，
　　綏靖疆圉」。見雍正二年十一月初四日「南贛總兵黃起憲奏遵諭與鎮
　　臣同心效力折」，《硃批奏摺》第三冊。

唯一作為。在雍正二年三月二十八日的奏摺中他說得明白：「查江西棚民由來已久，臣上年到任，值溫上貴一案，即嚴飭闔屬文武各官稽查保甲，整飭營伍，並檄司道通行查議。」[9]而且從行文看，裴徠度嚴飭稽查的是地方社會原有的保甲系統，要求其在控制棚民方面發揮作用。而所以如此，是因為作為江西巡撫的裴徠度，始終把棚民和「賊人」、「匪類」、「奸」聯繫在一起，也一直把棚民問題當作地方治安問題來看待和處理，編制保甲的目的是把棚民管住，不生禍亂。所以如此，一個非常明顯的原因就是自從順治以來，湖西袁州府諸縣都發生了棚民舉兵反清的事件，而且直接導致了康熙十七年（1678 年）清軍大規模驅逐棚民回歸原籍。無論是地方官府還是清朝中央，對這些歷史都是記憶猶新，此時又有風吹草動，自然十分警覺。

然而在雍正朝臣中，還有一些人主張對棚民採取更為積極安置的政策，代表人物就是雍正元年（1723 年）三、四月間正好擔任江西鄉試主考官的何世璂。他在主試完畢後，「適接部文，奉旨刊刻試錄進呈」，所以他和副主考官任蘭枝又在江西留住數日，時間約在四月底或五月份。在工作之餘，「密詢江西地方事宜或有關係緊要，亟當入告皇上早為籌畫安置」之事，實際上是以科道官的身分，在私下作些地方調查。七月何向雍正帝進言，他也認為萬載縣發生的盜案是大事，但還說到江西山區的匪亂

9　雍正二年三月十八日「江西巡撫裴徠度奏報查編地方寧靖折」，《硃批奏摺》第二冊。

「往往數年輒一發動，官吏特未嘗報耳」。而地方官員所以不報的原因是：「原其所以不報之意，非故有所隱匿也，以為此閩廣流寓之民初不同於豫章土著之民，殺之而已可矣，報之則擾累滋多，何以報？」

何世璂接下來提出自己的見解，並特別提到事關地方治安的棚民保甲如何編制：

臣以為是則然矣，然欲使之革面洗心，安土樂業，亦必有道以處此，奈何官吏置之不講；置之不講而醞釀日久，黨類漸繁。一旦萌不肖之心，則又非州縣之官率數十捕役之所能擒獲而殲戮之也，其滋擾不更多乎？臣之所謂蚤宜籌畫而安置之者，此也。
　　………………

至其安置之法，舊說有二：或云閩廣寄籍之民與江西土著之民，應令一體編列保甲，使之互相稽察，庶幾奸宄不生。然土著之民聚族而居，多在平陸；寄籍之民，結茆深山窮谷之中。彼此互相遙隔，互相猜忌。將令土著之民日日探幽絕險，稽察匪類，其勢甚難，此一說之不可行者也。……臣竊惟為今之計，莫如安其久來種地之人，絕其倐往倐來之輩。每一縣麻棚之中，另編保甲，擇其身家殷實者立為保長、甲長，日日查驗花戶。設有情蹤詭秘、倐往倐來之徒，立刻報官，嚴拿遞解。月終各令遞有無匪類甘結一紙，存案考校。苟至三年無事，保長、甲長自當懸格旌賞。如有容隱通同者，保長、甲長一體究治。彼自愛其身家，庶或奸宄可杜。督撫亦當委賢能官員不時巡查，務使州縣寬嚴並濟，賞罰分明，不得姑息隱忍，亦不得生事擾民。

可見何世璂主張棚民單獨編成保甲，不與土著的保甲混在一起，棚民的保、甲長也由棚民中身家殷實者擔任。以此和裴徸度主張的保甲之法比較，則可看出何的建議中最重要的是大前提改變了，即首先認定棚民是「閩廣寄籍（江西）之民」，其中雖然不乏「倏往倏來之徒」，但占主體的是「久來種地之人」，他們不是「奸」民，安置好他們是首要的問題，所以應當讓他們單獨編制保甲，自我管理。而將這個自我管理的保甲置於地方官府控制之下的一個手段（也是一種聯繫方式），即「月終各令遞有無匪類甘結一紙」，存檔備查，以供日後賞罰之用。但一個十分重要的變化在於：這張「甘結」是由棚民自己而不是土著來出具，或說是棚民中產生的保、甲長替其他棚民作擔保。

何世璂籌劃的第二個安置之法走得更遠，即給一部分棚民子弟讀書和科考的前途：

> 再令州縣中各為寄籍之民另設義學一區，擇其子弟之秀良者，為之延師訓讀，許其與考。果能自成文理，計其童生之多寡，酌取一二名以附各府儒學之額外。

在何的籌劃中，雖無一字提到棚民的戶籍問題，但一旦認可了棚民是移民，其主體是良民，那麼無論是編制保甲，還是讀書科舉，無一不與戶籍問題相關，實際上已是題內之義了。何世璂提出的，不僅是一個真正懂得統治之道的一攬子解決方案，而且還有一個重要的意義在內，就是將以王朝政令的形式，明確地為湖西地區的棚民「正名」，使他們可以從康熙年間曾因反對清廷

而被「集體驅逐」的「惡名」中解脫出來。採取這一措施的推動力，主要來自王朝中央。

到雍正二年正月，戶部尚書張廷玉提出安輯棚民的奏請，已經是一個可以在江浙等省普遍實施的基本政策文本。其中，除了要挑選「才守兼優之員」任有棚民州縣的長官外，具體的安輯之法，則完全採納了何世璂的上述兩條，然後再進一步，主張棚民落戶，「編入本縣冊籍」[10]。雖然日後各地的具體做法不無差異，但安置棚民的政策走向和基本做法，無出何、張二人之右。它不僅標誌清王朝的棚民政策有了重大的改變，或說終於在儘力制定一個長遠的政策，而且也為棚民公開訴求自己的利益開闢了空前寬鬆的政治空間。

於是，江西寧州的棚民率先提出了入籍要求。現存江西修水民間的一批由《華國堂志》收錄、總名為「開籍全案」的檔案中，有一份《州主劉妥議異民詳文》，大約成文於雍正元年四月下旬到八月，特別重要，全文引錄如下：

> 寧邑界連瀏陽、高、新三界，閩廣異類一款。查州自（康熙）甲寅兵燹以後，土著寥寥，田土荒蕪，州民莫賦，奉檄招徠。隨有閩、廣、南贛等處人民挈妻負子，接踵而至，為寧辟草披榛。田漸成熟，賦漸有著，異民互相爭競。今查額徵，自累年

10　雍正二年正月二十一日「戶部尚書張廷玉奏請安輯棚民折」，《硃批奏摺》第二冊。

異民之串立客戶完糧者二百二十六戶，所置科糧民米一千三百三十六石。住居三四十年者有之，閩州之民，約計異民十居其二。夫一樹之果，有酸有甘；一母之子，有賢有不肖，豈土著皆賢而異民皆為匪乎？如謂久居此地種蔗種藍之輩，必令土著出結，查卑職於去年十二月初三日蒞任起，彼土主圖得別佃承批銀兩，勒令佃戶退田，爭論者實繁有徒。彼土主方利速退另批，豈肯出結？即出結者，保無勒挾要求？即現在各都圖，卑職各遴選一有才力端正者為團練長，挨順村莊，將土著、客民之耕田、開店生理，一體編成保甲。

從這份「詳文」可以看出：「客戶」們在八月份已向寧州知州及各級官府提出類似請求，而且寧州知州劉世豪准許其「開都立戶」。

另一篇文書署名為《遞撫院呈》，顯然是直接呈送巡撫衙門的，全文如下：

具呈人黃克章、劉正思、謝際云、張鳴岡等為遵例陳情按糧入籍，以廣皇恩以全大典事：竊思天下四海莫非皇王土地，中國萬姓盡屬聖朝人民。是以兵籍、客籍原同一體，苗生、猺生總無二視。故凡各郡子弟置有田糧廬墓經住二十年者，俱准入籍考試；況沐聖天子德政維新，定例作養，博施濟眾，一道同風之雅化者哉？！慨自寧邑兵燹以後，田荒糧缺，土廣人稀。業蒙前任州主奉檄招徠開墾，以致蟻等祖父棄閩粵而來修水，拋南贛而適樂郊。由茲替州中辟草而披榛，為土著養生而供賦。及後置產買

業，錢糧不下二千；串名設戶，立名已上三百。生於斯，長於
斯，桑梓之邦，既絕往來；廬於斯，墓於斯，婚冠之聯，無分土
客。歷年久，生齒繁，略計壯幼，萬有餘丁；受皇產，報洪恩，
約訓子弟，悉皆樸厚。但入戶以籍為定，而籍貫以糧為據。按糧
編都立圖，入籍承叮噹差，庶不負聖天子惠養元元之意也。蟻等
遵例稟州蒙批，詳明在府。伏乞憲天恩同日月，德並乾坤；普同
仁於一體，視中國如一家；施父母之慈心，廣皇恩之浩蕩。准示
按糧入籍，庶俾枯朽齊榮，永頌甘棠，德垂不朽。

　　該呈文辭雅馴，完全是正面陳述，簡明扼要地表述了棚民入
籍的要求和理論依據。呈文者除了還說明此事已得到知州的批准
外，還可以看出他們只以「客」、「客籍」自稱，而拒絕使用「棚
民」一詞。

　　該文之後，附有省、府官員的批示共三份，第一份是「布政
司石（成峨）批」，時間是「雍正元年十月十六日進（呈），二
十九日批」，曰：

　　　客戶開墾久居，自宜按糧入籍，與齊民等。既據該州准詳郡
　　守，候府文到，酌奪可耳，速歸安業！

　　該文轉到南昌知府汪宏鈺處，汪也作出如下批示：

　　　據：閩廣之人入籍多年，置有田地廬墓，安分守法，即與土
　　著無異，自應一律當差。仰州遵照出示曉諭，具報。

可以看出在處理如寧州這樣具體的問題時，江西地方長官無論在理論上還是事實上，終於認可了還有「入籍多年」的「閩廣之人」，棚民並非全是「賊寇」，這是一種不可小看的鬆動。而在寧州地方上，知州劉世豪起了積極的推動作用，明確地主張「按糧編都立圖」。他還明確提到：「今查額徵，自累年異民之串立客戶完糧者二百二十六戶。」說明當時從閩廣和南贛到寧州的外來人，統統可稱為「異民」，亦即「非土著」之類；但「異民」們組織在一起繳賦納糧，即成「客戶」或「客民」，其實就是指遷入時間早，來寧州定居最長久的那批老移民。正是因為他們定居時間長，逐漸成為較穩定的有產者，才有能力並極力主張按糧入籍。

然而，寧州土著對新的棚民政策進行了強烈抵制，經歷了一個從拒造清冊到罷考，前後持續三個月之久的地方性騷動。

約在雍正二年三月間，一批寧州土著赴省城南昌，遞呈署名為《土著呈里遞流狀》的訴狀，並把矛頭直接指向知州劉世豪：

> 舊自劉主到任，護庇客民，疏視赤子。以致異黨得意，歃血斂金，於舊八月紛然呈請入籍。州批匯詳憲奪，隨詳府主，請許入籍承丁，取名新都，編圖立甲，子弟一體考試。率意祖詳，分圖分甲，紊亂版圖，為州烈禍！當經裡遞劉隱興等具呈屏絕，詎料州主不惟不賜屏絕，反祖批「王民一視在地二十年者皆聽入籍」之定例；又引「洞蠻來歸亦聽入籍考試」之例，斥為混瀆不准。蟻等雖屬山愚，竊聞定例所載，並未有在地二十年者皆聽入籍之條。各省之客民，豈居是邑之地而即許入籍耶？實州主之左

袒庇護匪類，不特變亂民籍，甚且變亂章程矣！

土著強調移民不得在寧州參與科考和入籍的理由是：

至若洞蠻來歸，是舉其地來歸，設立郡縣，分別考試。此是
我朝柔遠之政，並未附入腹心內地。況閩廣又非蠻洞可比，家有
籍貫，路遙不上半月，自應回籍考試。今州主反其說而比其例，
任意變亂，是國家之章程不妨顛倒逆施矣！……且寧邑八鄉，按
土分都圖，編八十七里，泰市、高市為四坊，共計八百七十里
遞。遞遞有戶有丁，戶戶有糧，何處可容逆黨竊占？

雍正元年下半年以來，寧州地方社會已經被攪動得沸沸揚
揚。「客民」躍躍欲試，知州推波助瀾，而土著則是人心惶惶，
他們的上告申訴在省城各個衙門都碰了釘子，官府明顯地做出了
遵旨「安輯棚民」的姿態。寧州八鄉二市的土著首事們不得不聚
會合議，為保護自己的利益而奔走呼號，並採取了土著學童拒
考，生員「具結退頂」，甚至還請求讓土著全部「給牌轉徙」以
作最後的攤牌，都說明寧州土著整體上站到了劉世豪的對立面，
整個社會基層的運作都處於癱瘓狀態。[11]

11 在該《土著呈里遞流狀》的後半部分提到：「是以八鄉會議，無策可
施，情甘獻產讓籍，轉徙他方，各自保全性命，不敢抗違州主。但前
蒙州示考，而異民即呈頒試。州批近奉恩綸，均許編查入籍考試等
語，以致諸童見批，俱各拂袖而歸。其不與考生員，又見異試如此，

在此期間，知州劉世豪也加緊向省城匯報事態的發展，並得到巡撫要求查議的批示。但他怕激起更大的爭端，所以同時做了一系列曉諭勸說的工作，甚至率領寧州的文武官員前往文廟明倫堂，當面向土著貢監生員徵詢意見，然而最終未能奏效。劉世豪看到了地方勢力的巨大，意識到「終難排解」，所以再一次申詳巡撫，並將土著匿名帖一併附上。因為事關遵旨行事和考試重典，省、府兩級長官很明確地表示支持劉的做法，各級官員都維護了「安輯棚民」這個大前提。但同時也表明不許棚民馬上參與考試，以此勸說土著生童放棄罷考。

另外，劉世豪還不斷向省府呈送公文，對土著的指責逐條加以反駁，並明確地將當地帶頭罷考和上告的土著領袖人物稱為「劣衿」，將其歸為「無父無君」之流，且挾持長官，包攬地方事務，動輒圍攻官府衙門，實在等同於目無王法、「教化不行」的「刁民」。而言外之意，「客民」繳糧納賦，積極要求入籍，而且聽從官府調度，抵禦賊寇，安分守法，實為化內的順民。劉世豪言辭激烈，甚至不免情緒化的成分。到五月十九日，兩江總督衙門對劉世豪的詳文做了批示，甚為明確嚴厲：

編輯篷民，系奉旨允行。何物生童，乃敢抗違阻考！除批行按察司會同布政司密拿倡首惡棍，從重嚴加究擬通報，並令筋飭該府開誠曉諭諸童生集與考試，毋得觀望滋事外，相應移會，為

各自具結退頂，此皆異民入籍立都之所致也！」

此合咨貴撫，煩為查照，希即轉飭密拿倡首惡棍，嚴行究治，庶地方寧謐，良善得安，荷恩無既。仍仰藩、臬施行。

　　藩、臬二司又作批示轉到南昌知府，同時要求知府親自去寧州做勸解工作，另外，明確指示客籍子弟不參與該年的考試，也給土著吃了一顆定心丸。到六月中旬，寧州生童結束罷考，考試得以舉行。至此，雍正二年波及寧州城鄉，震動省、府上下的土著生童罷考事件基本平息。

　　最終，寧州棚民還是入了籍。在乾隆二年（1737 年）新修的《義寧州志》「田賦・戶口」中，對「懷遠都」有詳細記載，由此可見在罷考事件平息十一年後，由土著文化人主修的地方誌對這個新戶籍體系的產生歷史及其影響，給予了正式的記述：

懷遠都（四都八圖共八十甲）：已成滋生壯幼丁共一千八百七十六丁。

按：寧州從前流寓俱歸客戶，是以創置田產，有糧無丁。迄自康熙三十年後，國家生齒日繁，閩廣諸省之人散處各方。分寧地廣人稀，因而諸省之人扶老挈幼負未而至，緣曠土之租甚輕，久荒之產極沃，而無產之人得土耕種，其力倍勤。故不數年家給人足，買田置產，歌適樂郊矣！至雍正元年，有匪類蠢動，彼此響應，於是萬載縣有溫上貴之擾，寧州有黃本習之警。雖旋就誅戮，而根荄滋蔓。當事者患之，復為善後之圖。荷蒙皇上廑如天之仁，特允臣工安輯棚民之請，耕山者概編保甲，有產者另立都圖，以「懷遠」為名，隱寓招攜之義。其秀者令於義學課習五

年，俱得一體考試，卷面令注「棚童」字樣，每童生五十名限進一名，百名以上取進二名，二百名以上取進三名，其最多者以四名為率。其居寧最久之老客戶，原有廬墓田產姻婭親族之可征，迥與客民不同，又各援例改客為土，不在此例。夫人貴自立，土客何常之有？目今附籍之人，苟能安居樂業，漸摩奮興，則今日之棚客即異日之土著也。惟是附籍者眾，良楛難別。雍正三年八月內欽奉上諭：「棚民留住之地方，責成本處地主、山主出具保結，並非來歷不明之輩，始許容留。而牧令官員於每年年底親往查點一次，倘有作姦犯科而地主、山主不行舉首者，一體治罪，此向例也。今聞法久廢弛，大非朕除暴安良、教民成俗之本意。著督撫轉飭有司實力奉行之，旨。」凡有守土之責者，可不仰體宸衷，綢繆未雨而為乂安綏輯之計哉？為志本末，以備考證云。

從此記載中看得出，在寧州土著居民中，已經開始有人表達「土客無常」、「客」可轉「土」這種比較寬容的思想。而寧州棚民入籍事件的深遠影響和示範意義，從雍正九年（1731 年）江西巡撫謝旻等主修的《江西通志》記載就可見一斑。這是距寧州建立「懷遠都」時間最近的一次新修省志。在其「田賦志・戶口」中，記錄外來移民編入戶籍的，總共有三個地方[12]：

一是南昌府的寧州：「及雍正四年三屆編審，滋生增益人丁二千六百七十丁，食鹽課八百三口。外雍正四年附載寧州編入籍

12　參見謝旻等主修雍正九年《江西通志》卷二十三至卷二十四。

客民人丁一千三十二丁。欽奉恩詔，永不加賦。」

二是袁州府宜春、分宜二縣：「又宜春、分宜二縣棚民人丁一百八十七丁。」[13]

三是吉安府：「及雍正肆年三屆編審，滋生增益人丁一千八百二十一丁，食鹽課五百八十口。又雍正六年奉文永順土司彭肇槐改土為流，歸籍吉水縣人丁十丁。欽奉恩詔，永不加賦。」

可知在雍正四年的那一屆戶口編審中，寧州的「懷遠」籍人丁被視為「客民」，而袁州府宜春、分宜兩縣的附籍者仍被稱為「棚民」。這種名稱上的不同絕非偶然，而是反映了地方官府對江西西部地區閩廣移民定居生活史的不同記憶和評判，而且不難看出對客民的認可程度要比棚民高。換一個角度看，這正反映了雍正朝對江浙諸省外來移民安置政策的多樣性，是雍正帝力促上下分別對待，力求有所作為的表現，不乏創新之意。

雍正十三年三至四月間，在與寧州相鄰的奉新縣，又設立了一個專門安置當地棚民的「歸德（圖甲）」。縣令的呈文中就直接說明是「援照鄰邑寧、武等州縣棚民另立圖甲之例，准其另立圖甲」，也就是直接受到寧州設置「懷遠都」的影響：

該奉新縣知縣趙知希查看棚民王、劉、徐等，皆閩廣南贛人也，耕鑿奉邑地方蓋有年矣。緣卑縣陋例，尚有土著客異之殊

13　在「宜春縣」後附載「棚民人丁一百三丁」；「分宜縣」後附載「棚民人丁八十四丁」。

視，是以各棚民等雖置有奉邑田產在，糧多者猶得以寄戶於圖甲冊尾，而糧少者並不得自立的戶。少有更置，即起物議，相沿至今，實為弊竇。前據王、劉、徐等以懇立圖甲等事具呈前來，卑職正在查詳間。王、劉等復上控，院憲批飭查議轉行到縣，仰見各憲遐邇同仁柔遠輯來之至意。卑職遵查棚民王、劉、徐等，散居卑縣山鄉，圖甲不能畫一，不特催科紛擾，抑且稽查艱難。現今伊等戶丁眾多，買置田產，計條銀三百餘兩，計漕米三百餘石。援照鄰邑寧、武等州縣棚民另立圖甲之例，准其另立圖甲，名曰「歸德」。僉點糧多大戶為滾首，自行滾催，依限輸納，既免土著之紛爭，尤省差催之滋擾。並可令各棚民自查戶口，稽查匪類，急公靖地，均屬有益。似應邀請俯順輿情，賞准另立圖冊輸糧。再查該棚民王、劉、徐等開報有應試習讀子弟百有餘名，但從前未經呈請入籍，既未應試。茲雖查其廬墓田糧現有印契可憑二十年以上者，似應照雍正九年奉部覆准「棚民入籍二十年以上者，在各州縣一體應試，按照生童名數取準入學」之例。第查考校大典，仍恐棚民等不無冒濫情弊，容候奉憲賞准另立圖甲之後，該棚民子弟應試之時，卑職先期查對該童年貌，取具互結，造冊申報，再行應試。庶冒濫之弊可杜，而人戶以籍為定矣。[14]

14　余潮修、甘志道等纂乾隆十五年《奉新縣誌》卷十一《公移》。文中所謂「鄰邑寧、武等州縣」之「武」，即指當時隸屬於寧州的武德鄉，就是銅鼓營一帶，大致為後來的銅鼓縣境。

從這樣一個有關移民人群身分的制度性變化中，更可看到江西西部一些「有棚（篷）」州縣的社會衝突及其映照出來的時代變遷。從康熙朝平定三藩叛亂到雍正登基，清朝社會又經歷了數十年的安定生活，閩廣移民（棚民）不僅基本站住腳跟，而且人口增加，有了更強的經濟實力，並逐漸產生出可以代表自己利益的菁英人物。實際上，他們已經開始了在遷入地土著化的進程，而且越來越逼近土著的原有生存空間。在王朝方面，對移民的態度也有了很大改變，尤其是未再出現以反抗清朝統治為宗旨的大規模動亂，不會促使清政府把移民與之聯繫起來，加以驅趕。到雍正初年，諸如袁州、寧州等地一旦出現「異民」、「匪類」之亂後，「客民」已會主動配合官府加以「清剿」，從一個側面說明，這個實際上是清初以來由於王朝更替、戰亂、民眾流徙以及基層社會組織已經發生相應變動等多重原因造成的歷史遺留問題，此時加以解決的客觀條件已經成熟，也要求清王朝制定一個長治久安的基本政策，何世璂、張廷玉等朝臣所設計的新棚民政策遂應運而生。而其醞釀和制定過程中的「密詢」和奏議等，基層社會的意願表達和籲請，甚至以激烈方式表現出來的地方不同人群的利益訴求，都有可能形成一種合力，自下而上地影響清王朝的決策。

二　各府縣土著及入籍移民子弟學額分配的定制

清朝建立之初，為鞏固其異族統治，籠絡與加強對漢族讀書人的感情聯繫，迅速沿用和繼承了明代的科舉制度，以表示對明王朝文化傳統的認同。明代「科舉必由學校」，任何人想要取得

進一步參加更高級別科舉考試的資格，就必須參加童試，經過縣試、府試、院試三級考試，錄取為各自所在地方學校的生員，俗稱秀才。在這一制度背景下，每個地方學校的入學名額顯得至關重要。這一制度，也被清初統治者原封不動地繼承下來。

明清時期廣義的學校主要有官辦與私辦兩種，其中官辦學校又主要有儒學與書院兩類。「科舉必由學校」是指儒學，更具體的則是落實在儒學的學額上。書院的招生學額一般依其財力自主決定，而儒學則各省府、直隸州、直隸廳、州、廳、縣等各級行政建制均有設立，其學額由國家明文規定。具體而言，儒學學額也有兩種含義，一種是每個儒學中「廩膳生」、「增廣生」和「附生」的名額，由在學生員依其歲試、科試成績依次補充；一種即通常所說的招生名額，是每次童試中根據國家規定可以錄取的童生數量。童生的童試也分歲試、科試兩類，由各省學政主持，與生員歲試、科試同時舉行。

清順治四年（1647 年）確定，各省府、州、縣儒學的廩膳生、增廣生名額仍延續明代舊制，即府儒學各四十人，州儒學各三十人，縣儒學各二十人；而歲試、科試錄取附學生的人數，則「各視所在人文之多寡，分大學、中學、小學。大學取入附學四十名，中學取三十名，小學二十名」[15]。順治十五年，改為府學

---

15 潘懿、胡湛、朱孫詒：《同治清江縣誌》卷三《建置志・學校・學額》，台北：成文出版社 1975 年據清同治九年（1870 年）刊本影印本，第 509 頁。

取二十名，大州縣儒學十五名，小學僅取四、五名。同年規定，直、省儒學招生只許歲試時錄取，科試時停止錄取童生入學。康熙九年（1670 年）第三次全面調整學額，改為府學及大州縣儒學均為二十名，其餘州縣為大學十五名，中學十二名，小學七至八名，從此遂為定製。康熙十二年，恢復歲試、科試都可取入童生的定製。[16]

　　清前期江西的行政區劃只有一些較小的調整和增置，其中除了寧都升直隸州，蓮花新設廳，其他的調整對江西學額均無大的影響。據光緒《江西通志》「經政略・學制」及各府州縣地方誌記載，清前期江西十三個府儒學學額均為二十名，寧都直隸州儒學學額則為二十二名。其他學額為二十名的大縣共十四個，分別為南昌、新建、豐城、高安、宜春、清江、盧陵、吉水、臨川、金溪、新城、上饒、鄱陽、贛縣；學額為十五名的「大學」共二十個，分別為：進賢、奉新、新昌、分宜、泰和、安福、宜黃、東鄉、南城、南豐、廣昌、貴溪、餘干、樂平、都昌、星子、建昌、德化、湖口、大庾；學額為十二名的「中學」共三十一個，分別為：義寧州、上高、萍鄉、萬載、新淦、新喻、峽江、永豐、萬安、永新、崇仁、樂安、玉山、弋陽、鉛山、廣豐、浮梁、德興、安仁、安義、德安、瑞昌、彭澤、南康、雩都、信豐、興國、會昌、安遠、龍南、長寧；學額僅有八名的儒

16　參見陳夢雷、蔣廷錫《古今圖書集成》，經濟彙編「選舉典・學校部匯考十一」，第 79887、79889 頁。

學共十一個，分別為：靖安、武寧、龍泉、永寧、蓮花廳、瀘溪、興安、萬年、上猶、崇義、定南廳。另外，瑞金、石城兩縣的學額都是十四名。

明清儒學文、武同校，但各儒學的文科學額與武科學額往往不同，大多是武科學額比文科學額少。清前、中期江西全部九十二處府州縣儒學中，文、武科學額相同的僅有四十五處，其餘四十七處儒學的武科學額均按大、中、小學的次序較文科學額降低一等。其中，武科學額為二十名者共有九個府、縣，分別為：瑞州、袁州、臨江、吉安、撫州、廣信、南安、贛州府學以及上饒縣學；武科學額為十五名者共有二十三個府、縣，分別為：南昌府、建昌府、饒州府、南康府、九江府、寧都州、南昌、新建、豐城、高安、新昌、宜春、分宜、清江、廬陵、泰和、吉水、臨川、金溪、新城、貴溪、鄱陽、贛縣；武科學額為十二名者共三十八個縣，分別為：進賢、奉新、義寧州、上高、萬載、新淦、新喻、永豐、安福、萬安、崇仁、宜黃、樂安、東鄉、南城、南豐、弋陽、鉛山、廣豐、餘干、樂平、浮梁、德興、星子、都昌、建昌、德化、德安、湖口、彭澤、大庾、雩都、信豐、興國、會昌、安遠、龍南、長寧；武科學額為八名者共十九個縣，分別為：靖安、武寧、萍鄉、峽江、龍泉、永新、永寧、廣昌、瀘溪、玉山、興安、安仁、萬年、安義、瑞昌、南康、上猶、崇義、定南廳。另外，瑞金縣學武科學額十四名，石城縣學十名，蓮花廳學僅五名。

在科舉制度中，要求考生必須在戶籍所在地參加考試，假冒他地籍貫參加考試，則被視為一種嚴重的舞弊行為，稱為「冒

籍」。各省「冒籍」發生的原因各不相同，[17]但處理原則大致一致。依順治二年（1645年）聖旨，如查出考生有假冒籍貫者，盡行斥革，即使已經中舉亦須革去功名，並逐回原籍。對入籍報考者，只有祖、父輩入籍達二十年以上，並且墳墓、田宅都有契據者方許應試。乾隆末年，此項規定有所放鬆，五十九年（1794年）規定，只要房屋稅契、田畝納糧達到二十年即許應試，而不必拘定真正入籍年限。[18]與浙江、安徽等省相似，江西科舉冒籍主要表現為棚民問題。雍正二年（1724年），經戶部尚書張廷玉奏准，諭令江西、浙江等地方官將棚民查明造冊，在土籍外另設客都、客圖、客保、客練等相應名色，並准許棚民習武能文之子弟報名參加科舉考試。次年，兩江總督查弼納准江西棚民中入籍二十年以上並有廬墓者，如果確係讀書向學，即可在縣考試。為避免土、棚爭奪入學名額而發生矛盾，准許在縣學錄取名額之外，另外額取進棚籍若干名。江西各縣棚民子弟遂爭相報名應試，雍正八年僅萬載一縣棚童報考者就達七百餘名，江西巡撫謝旻乃上奏朝廷，請求為棚童規定錄取名額。雍正九年清廷規定：「江南棚民入籍二十年以上有田糧廬墓者，准在居住地考試。童生滿五十人以上，額外取進一名，百人以上二名，二百人以上三

17　參見王日根、張學立《清代科場冒籍與土客衝突》，《西北大學學報》（社會科學版）2005年第1期。

18　參見（清）禮部《光緒欽定科場條例》卷三十五《冒籍・冒占民籍例案》，第2447頁。

名，以四名為率。」[19]如棚童不足五十人，則仍與本籍童生一起考試。凡未滿入籍年限者，不許報考。考取之後，則歲科兩試、考補廩生、增生及選拔貢生等待遇，都與本籍生員相同。[20]

至乾隆二十八年（1763年），江西學政周煌奏請，將棚童歸入土籍，一體考試，不必另立名額。經部複查，證明江西的南昌府義寧州、武寧等五縣及瑞州府、吉安府、袁州府、饒州府之相關縣分自雍正九年（1731

・「懷遠人」自辦書院培養子弟：清代寧州《梯云書院志》（劉經富攝）

年）另額取進以來，起初尚有數百或百餘名棚民童生應試，至此則僅有五十名，甚至二、三十名，數量不多，完全可以即將歸入土籍中一體考試。唯有萬載一縣，尚有二四〇名左右的棚童考生，為免政令相悖，亦令與土著合考。只需在縣試時，「土著童生取具鄰里、廩保、本童甘結，謂之三單，棚童於三單之外，加用五童互結」，並於卷面註明「土」、「棚」字樣。

科舉制度為傳統社會中士紳分享政治權利提供了最為體面的

19　劉繹：《江西通志》卷九〇《經政略・學制》，清光緒七年（1881年）刊本。

20　參見席裕福、沈師徐《皇朝政典類纂》卷二百二十四《學校十二・直省學・學額》。

途徑，儒學學額則為這一途徑提供了基本保障。對於其他棚民考生較少的州縣，取消棚籍另額並未給學額帶來大的變化，因而也沒有引起更多的衝突；而對於萬載縣，取消棚籍另額的實質便是使得全縣學額從可能超過大學的十五名減少到中學的十二名，大多數情況下將減少四名學額，這是土、棚士紳都不願意接受的事實。要想繼續享有大學的學額權利，萬載的土、棚士紳必須向朝廷證明本縣有足夠興盛的文風以及足夠富裕的賦稅實力，這也是其他州縣在要求加廣本地學額時必經的正常制度渠道，但是在當時的萬載縣，通過土、棚士紳合力爭取的局面並未出現。

因此，萬載縣棚民童生為得到更多的入學機會，發展出很多的作弊手法：「其原籍兄弟叔侄以及外姻親屬，並別縣棚民，私相頂冒。在土著俱無從識別，故凡遇試期，或以舉監生員頂名槍替，或以此縣棚童赴彼縣歧考，即有臨場獲破⋯⋯亦未肯改其故習。」[21]棚童爭相請本籍高手代考，以求得中，其取中機會自然大增。乾隆二十九年（1764年）、三十一年、四十八年、五十五年及嘉慶元年（1796年）、二年，萬載縣一再發生棚民童生冒名頂替的考案。嘉慶六、七等年，棚童考取生員達五、六名之多，而萬載縣儒學的入學名額總數不過十二名。棚民的這種行為，自然激起了土著的極大憤怒，甚至視棚童為仇敵。嘉慶十年、十二年，土著童生曾多次遞呈，請求重新分額考試，但均未獲批准，

---

21 清金第《同治萬載縣誌》卷七「學校志・學額」，同治十一年刊本，第2冊，第40頁。

最終演化為土著童生的集體罷考。嘉慶十三年，鑒於事態過於擴大，禮部議准自此裁去萬載縣土著「三單」，棚籍另加五童互結一體考試之法，改為棚童只需將卷面之「棚」字改為「客」字，在土著學額十二名外，另外給棚籍四名文生入學名額、武生一名。土著、棚民考生同日局門應試，各考各額，這樣才算平息了土、棚的考試爭訟。

根據各府州縣儒學學額，可以統計出清中期以來江西全省平均每年考取生員的數量。文童歲試、科試各三年一屆，每屆各錄取文生員一三五四名，年均約錄取九〇三名；武童僅有歲試無科試，三年一歲試，取入武生一一六三名，年均約錄取三八八名，合計每年約錄取文武生一二九一名。相比而言，當時儒學名額合計，尚不及當代一個普通專科學校的年招生數。

第三節 ▶ 江西漕運體系的完善及其陋規的革除

明清兩代，漕運制度的發展達到了鼎盛時期，每年從江蘇、浙江、江西、山東、河南、安徽、湖北、湖南等八省運輸漕糧正米四〇〇萬石至京師，以滿足其官俸、軍餉和宮廷靡費的需要。江西素稱「東南財賦之地」，漕運地位尤受朝廷重視。明代成化八年（1472 年）以來，江西每年運至京師的漕糧形成了定額，共計正米五十七萬石，其中「正兌米」（運貯至京師倉）四十萬石、「改兌米」（運貯至通州倉）十七萬石，占全國總額的百分

之十四點二五，僅次於江蘇、浙江，位居第三。[22]後因「軍代民勞」，另按比例增收耗米（又稱副米）作為運輸過程中的耗損和支付給運軍的運輸報酬，約三十八萬石。清前期，江西共九府四十九縣為交兌漕糧州縣，[23]大多地處水運相對便利之處，占當時全省八十州縣（廳）的百分之六十一點二五。順治十四年（1657年），江西巡撫佟國楨又因贛州府「催征既艱，水次又遠」問題，奏請將贛、寧二縣「北運米」改為「贛鎮兵米」[24]。

一　南昌、九江等漕幫建制和承運內容

早在順治二年（1645 年），兵部侍郎金之俊上奏朝廷，稱自古西北糧食依靠東南供給，「闖亂」後南方的糧食未能及時運趕京師，以至北方米價大漲，必須抓緊辦理漕運。[25]於是，「轉漕東南之粟」成為當務之急，清廷也因此急切派兵「南下入贛」。由於局部戰事不斷，江西漕糧難以按前明舊制徵收，順治三年勒令各地派徵原額漕糧的一半運抵京師。隨著統治秩序的日益穩固，漕運定額逐漸恢復。

清前期，在全國漕運總督管轄下，江西形成了一套較為完備的運漕管理機構。設糧道一人，為本省最高漕運長官，駐省城南昌，統管下屬官軍，會同各府縣僉選運丁、修造漕船、清查屯

22　參見康熙《大清會典》卷二十六。
23　參見張光華《漕運摘要》卷三，清嘉慶八年本。
24　參見同治《贛縣誌》卷十七《食貨志‧漕運》。
25　參見《清世祖實錄》卷六，順治二年五月。

田、開徵漕糧和追索欠額，並押運漕糧至淮安或通州盤驗，全面負責本省漕運的監督巡查工作。後因任務繁重，糧道以下設監兌官三名，其中南昌府、吉安府各押運通判一人，負責監兌南昌、瑞州、臨江、吉安、廣信、建昌、撫州、南康等八府漕糧；臨江府押運通判一人，負責監兌饒州府漕糧。監兌官在漕糧交兌入船時，必須坐守水次，將正米、耗米，行、月糧以及搭運等米按數按船查驗兌足，同時負責監兌米色美惡、兌運遲速、運丁勒索、吏胥舞弊、倉棍包攬及摻和等弊，並於適中之幫船坐押，同糧道解押至淮安驗收。[26]糧道與押運通判分工協作，糧道負責運糧北上交卸，通判負責將漕船押回本地。[27]此外，巡撫也有責任督催所屬完納漕糧交兌，催攢漕船如期開行，併負責查禁水次折銀、盜賣、輥蟲把持、官役勒索等徇私舞弊行為。

漕糧從徵收到運抵京師，實行「以衛領軍，以屯養軍，以軍挽運」，即由衛所軍丁承擔挽運任務，以漕船為運載工具，通過運河實施「南糧北調」。[28]漕糧挽運由各地運糧衛所承擔，清初建立起中央與地方對衛所官員的雙重監管模式。衛所官員身屬武職，由兵部銓選，也隸屬各省，主要通過漕運總督、各省巡撫與糧道來進行管理。江西計有南昌、九江、袁州、贛州四衛，吉安、安福、廣信、撫州、永新、建昌、鉛山、饒州等八所。[29]衛

26　參見光緒《漕運全書》卷二十三《押運各官》。
27　參見光緒《漕運全書》卷二十一《監兌糧官》。
28　參見馮桂芬《裁衛屯議》，盛康《皇朝經世文續編》卷四十七。
29　參見乾隆三十年，永、建二所並為永建所。見光緒《大清會典事例》

所以下設漕幫，漕船以幫計，共十四幫。每幫設守備或千總專職領運，負責督率運丁造船運糧。通常每幫設領運官二名，一名領運當年漕糧赴通州交兌，另一名預備領運次年新糧。另每幫設隨幫百總一名，專司押空。江西衛所與漕幫大體一致，一衛兩幫或一所一幫，其中規模較大的南昌衛、九江衛，各設前後兩幫，雍正年間每幫漕船六十只、五十只不等。江西各幫船數雖多寡不等，但大體相當，否則將會有所拆並，如南昌、九江衛漕幫在清初漕船多達二二二只和一六五只，於雍正四年（1726 年）分撥部分漕船至袁州、廣信、安福等幫。

承擔運漕任務的衛所漕幫，實際上擔負著修造漕船及運輸漕糧的雙重負擔。清初江西額定漕船一〇三艘，後因歷年改折、分載、帶運、闕荒、裁減等原因，於雍正四年清查，計有漕船七〇八艘，[30]以後由於「並造」、「裁減」、「貧疲」、「逃亡」等原因，逐漸減少，乾隆中期實有漕船六三八艘，此後大體相沿不變。[31]在各衛所漕幫，屯漕關係密不可分。以九江衛為例，本以防禦為職，隸屬前軍都督府管轄，並無運漕任務攤派，入清以後隸屬江西，被委命運輸漕糧，屯漕關係開始發展起來。順治十四年（1657 年），清廷按照各衛所額定船隻派給相應屯田，由各衛所實行屯政，以屯濟運，各軍丁則「領屯起運」。[32]作為津貼衛

卷五百五十六《衛所》。

30　參見光緒《江西通志》卷八十五《經政略二·漕運》，清光緒七年本。

31　參見黃登賢《漕運則例纂》卷二，清乾隆三十四年本。

32　參見同治《廣信府志》卷三《屯政》。

所運丁造船、出運的土地，衛所屯田大多數同衛所連在一起。清初原額為六七〇二二二畝，[33]乾隆三十年（1765 年）清查，這類屯田地基塘山堰共六〇四三五三畝，此後基本上保持這個規模。[34]各衛所漕幫按船發給料價，在本地選高敞近河之處設廠打造，[35]不足部分由運丁自行籌劃。漕船修造以十年為滿，為使造船費用逐年平均，每年由各衛所漕幫抽造額定漕船的十分之一，十年全幫輪造完畢。

衛所「運軍」名為「旗丁」，係「軍代民勞，著令挽漕」，其職責是修造、管理漕船及挽運漕糧，所以又被稱為「運丁」，常年擔負著「南糧北調」任務。[36]清廷以明代萬曆年間每艘運漕配備軍卒的規格為參照，重新審定軍籍，僉選運丁出運。據明人王在晉載，萬曆年間江西運軍總計九七一四人，[37]以清初額定一〇〇三艘漕船計，江西運叮噹在萬人以上。康熙朝以來，運丁不再由世職衛所運弁僉選，改由各州縣查僉，知府驗看加結，再由糧道定僉；與此同時，「僉責在糧道，舉報責衛守備，用舍責運弁，保結責通幫各丁」[38]。這緣於入清後江西衛所功能主要在於

---

33 參見雍正《江西通志》卷二十八《兵衛》。

34 參見光緒《漕運全書》卷三十五《屯田坐落》。

35 參見咸豐《戶部則例》卷二十二。

36 衛所軍原是一種正規軍，明成化以後，漕糧由衛、所官軍運送，「運軍」之名始於此時。挽運漕糧變成衛所軍的苦役，「軍兵」的意義逐漸消失，其性質也逐漸發生變化，實際上演化成專事運漕的軍戶。

37 參見王在晉《通漕類編》卷二《漕軍數目》。

38 《清史稿》卷一百二十二《志九七・漕運》，中華書局 1977 年版。

運漕，衛所官員的職責範圍逐漸與行政系統的州縣官吏趨同。三藩之亂後，僉選運軍的範圍已不再限於原有運漕軍戶，除在「正軍」外另定「散軍」名目，更千方百計搜括株連。[39]如九江衛「家餘丁」、「同伍丁」均受株連。[40]吉安衛屯丁明末散亡眾多，清初不足十分之二三，後將散軍、操軍、牙軍、設官舍餘等納入領運範疇。[41]由此衛所對軍役的認定更加寬鬆，軍役的範圍也有所擴大。康熙三十五年（1696 年），每船僉選領運軍丁改定為一名，另外九名以諳練駕馭的水手補充，[42]軍丁常年出運逐漸演變為運丁輪流領運。漕船每年由一名運丁領運，其餘運丁出銀幫貼濟運。同時，在領運之丁的兄弟子侄中僉派一人隨運，如運船抵淮米石短少，一丁駕船北上，留一丁買米趕補；若抵通米石缺欠，則留一丁追比，一丁駕船回空，交下屆運丁。另外，又於每十令監管，一旦發生虧損，各漕船尚可承擔風險，不致累官擾民。領運之丁的身分由此發生重大變化，從以前常年附著於漕船的「軍奴」轉變為負責「徵租辦運」的漕船經營管理者，其雇募舵工、水手代運的行為得到政府認可，正所謂「旗丁督率，水手起運」；漕船也不再全由運丁駕駛，其技術性操作轉由部分民間船工充任，應募水手遂成為運漕的主力，運漕隊伍呈現民運化趨勢。

39　所謂「散軍」，即入清後江西各衛所承耕絕戶屯者，官府勒令其津貼造運。

40　參見文德翼《太守江公蠲免兩衛屯糧碑記》，見康熙《九江府志》卷十五《藝文》。

41　參見光緒《吉安府志》卷十六《賦役志 · 屯政》。

42　參見《清史稿》卷一百二十二《志九七 · 漕運》

二 康雍朝以來江西兌糧水次的歸併調整

明朝時期，漕糧原則上由各衛所運軍駕船分赴各有漕州縣承兌。入清之後，尤其是康熙、雍正朝以來，江西漕船逐漸增大，吃水漸深，實際上很難深入中小河流受兌漕糧。康熙二十九年，巡撫宋犖談到，各有漕州縣距省城數百里以至千里不等，僅少數州縣靠近贛江，只有遇到漲水才便於交兌，其他州縣都只有溪河相通，又多砂石險灘，冬天運漕之時正值枯水季節，漕船重大，隨處擱淺。[43]有漕州縣僅南昌、新建靠近省府，因此向來由民戶交納「腳耗」，州縣官僱船運至省城南昌河下的兌糧水次（即省倉）交兌，[44]各衛所漕幫則於南昌港各兌糧水次集中受兌。[45]

從江西各州縣兌漕的省倉所在地看，大多數州縣集中在南昌進賢門、惠民門、章江門、德勝門、廣潤門及塘子裡等各港岸交兌漕糧。南昌府豐城縣，饒州府德興、樂平、萬年、浮梁、鄱陽等五縣及南康府都昌縣的省倉均不設在省城南昌，而就近置於本府或本縣，這與全省漕糧集中、兌糧水次歸併及漕船開行路線密切相關。省城南昌位於中北部，贛江徑流而過，其優越的地理位置、發達的水運交通促使其成為各地漕糧集中的必然之地；作為全省政治、經濟中心，南昌又成為全省漕幫開行的始發站。因此，每年漕糧集兌之際，各有漕州縣的漕糧，沿著省內各大河流

---

43 參見宋犖《西陂類稿》卷三十三《請給漕糧腳耗疏》。
44 參見光緒《漕運全書》卷十二《交兌軍糧》，清光緒七年本。
45 參見光緒《江西通志》卷首之一《訓典》，清光緒七年本。

紛至杳來，漕幫在南昌港完成大部分漕糧的集並任務。而豐城縣與省城南昌鄰近，贛江穿城而過，水運極為便利；加之該縣派定漕糧正耗米為二點五萬石，數額頗大，在全省有漕縣廳中僅次於南昌縣（56517.85 石）[46]，所以豐城縣將省倉就近於本縣城內設置，一則便利漕糧催徵兌運，二則並未耽擱全省漕糧集並。至於饒州府各縣，自明末給練霖臣詹請以「饒舟獨兌本郡」後，德興、樂平、萬年三縣漕糧經由饒河進入鄱陽縣水次，浮梁縣漕糧順昌江而下鄱陽，鄱陽縣漕糧亦就於本縣水次兌運。因此，該五縣漕糧均在鄱陽縣境內集中交兌承驗。正因為如此，江西省設置的三名漕運監兌官中專有一名負責監兌饒州府一府漕糧。鄱陽縣是饒河、昌江進入鄱陽湖的交匯處，位於鄱陽湖的東面，該五縣漕糧若運至南昌集並，須由北而南遠涉鄱陽湖，而鄱陽湖是贛北「長三百里，闊四十里」[47]的大湖，一遇風浪，即有翻船的危險。故饒州府五縣就近在鄱陽縣集並便兌，方可省去橫跨鄱陽湖南下、縱涉鄱陽湖北上的勞苦，正所謂「米免湖心之阻，舟有便兌之安」[48]。位於鄱陽湖北端的都昌縣是出湖入江的必經之地，於康熙二十二年「將漕改為詣縣便兌」[49]，待漕幫過境時隨幫開行。

46　參見張光華《運漕摘要》卷三。

47　光緒《江西通志》卷五十七《川》，清光緒七年本。

48　同治《鄱陽縣誌》卷六《漕運》。

49　佚名：《改修省會漕倉為賓興會館記》，同治《都昌縣誌》卷十二《文錄》。

至於江西衛所漕幫運輸漕糧的分派，大抵以本衛所軍挽運本府州縣漕糧為準，大體與漕幫收兌各州縣在省兌糧水次一致。原則上要先兌運本漕區的漕糧，各幫之間若出現運力不足或運力有餘的情況，則互相調劑。各衛所漕幫兌運固定州縣漕糧，利於漕船調動，提高兌運效率。同時，一縣漕糧往往由多幫漕船兌運，一幫漕船亦分兌數縣漕糧，這種分工兌運的方式，一定程度上出於預防運丁與州縣書吏勾結考慮。另外，鑒於都昌縣地理位置的特殊性，其米石「每年輪派截留滄州之尾幫受兌，即以尾幫原拈別縣之米抵換」[50]。

運軍兌糧以冬季為限，「冬兌冬開」。乾隆四十年（1775年）規定最遲在次年農曆正月內開船，在南昌裝卸集兌完畢之後，隨即開行，連尾以進，直達京通交卸。雍正時期江西督糧道台高銳記述南昌港每年漕船出運情況時說：「每當起運之時，通省漕船七百餘艘，先後至於章門（今南昌港章江門碼頭），徵書告集，刻日起行，筘吹既發，鉦號無停，棹夫奏功，帆力齊舉，聯檣接艫，按部列次，以整以暇，晨夕應時。蓋自章門以入於湖，由湖口出大江，順流東下，以達於淮。」[51]江西漕船從南昌港始發，由贛江入鄱陽湖，「連檣接艫，取道出屺」[52]，而後轉道長江順流而下，經淮揚運河，逾黃河，入臨清運河轉北運河、白河，沿

---

50 光緒《漕運全書》卷十一《水次派運》。
51 傅澤洪：《行水金鑑》卷一百七十五，清雍正三年本，第16頁。
52 陳煦：《加封顯應元將軍廟記》，見同治《都昌縣誌》卷十二《文錄》，第71頁。

途經過安慶、儀征、揚州、淮安、台莊、臨清、天津等港口，直至到達目的地通州港，全程二二〇〇多公里。

《運漕摘要》載有如下一首《水程站頭歌》：

南浦盼樵舍，昌邑望吳城。南康湖口遠，彭澤是山城。東流安慶府，宗陽第九程。大通趕荻港，蕪湖阻行人。採石當江下，揚帆送南京。儀征傍江走，揚州關一盤。邵伯高郵近，寶應適兩程。八十淮安府，雙金水不清。仲興宿遷縣，貓兒窩上蟠。丁家廟一站，夏鎮又一程。南陽奔上水，迎溜到濟寧。開河下水急，安山不久停。張秋東昌府，魏灣下臨清。渡口頭一站，繞過馬家營。故城德州衛，桑園鹽關廳。連兒窩不遠，泊頭生意興。磚河興濟駉，流河駉北臨。靜海天津府，轉嘴上楊村。河西務有稅，馬頭馬不行。通州水程止，過壩達帝京。[53]

這不僅詳細記載了從南昌港到京師運漕路線的所有水程，還在一定程度上描繪了運河沿線的地理特點及較為豐富的地方社會生活。

江西漕幫限「二月過淮，六月到通，十日回空」[54]，即農曆六月初一前必須抵達通州候卸，限十日內回空；空船由通州回淮安的時限為六十五天，在農曆十一月底返回南昌，再候裝新糧。

在整個漕糧北上運輸過程中，運漕人員長途挽運，其家居也在漕船上進行。為防止漕糧漏失，食米與漕米倉口明確分開，漕米倉有封條，非檢查時不得啟封。另外，漕船行至運河北部，水淺不易通行，往往設有小型淺水船，即撥船，將部分漕糧改裝，以助漕船順利運行。抵通之後，由運軍將本幫所載漕糧全數搬運至京倉。如有剩餘，則准許在通州自行變賣；若有掛欠，則記錄在案，待來年抵補。

三　南漕舊規中陋例的革除和漕丁撫卹

由於明後期漕弊的沿襲，入清後漕運體系中的腐敗現象屢見不鮮。江西漕運陋規也較為普遍。一是州縣吏胥開徵漕糧時徇私舞弊，對民戶敲詐貪索。漕糧徵收加派名目繁多，工科給事中於可托奏稱，江西每年徵米時，「開倉有派，修倉有派，餘米有派，耗米有派」，有漕州縣的老百姓須交所謂「漕費」，且從縣佐到僕役層層加索，雜費比額定漕糧數目多了幾倍。如「加耗」一項，江西每石漕糧加收耗米高達四斗。另外，因漕糧運至省倉交兌，還要加收漕糧「腳耗」等費，以供各縣僱傭民船和招募船伕，僅「半腳耗米」一項就高達十二萬多石，這在全國都是罕見的。[55]二是各處辦漕官吏視漕運為「利藪」，對運丁橫加勒索。入清後江西漕船日益增大，運丁造船費用驟增，如九江衛造成一

55　參見張光華《運漕摘要》卷三。

艘漕船，「非千金不克舉」[56]，但運丁應得的造船費經常橫遭官吏的剋扣。康熙初年，翰林院編修鄭日奎（廣信府貴溪縣人）談到江西的這種情形時說，朝廷規定按數撥付造船料價，但實際上江西衛所撥給料價時，往往自上而下層層削減，到運丁手中「十不得三」，甚至分文不獲。[57]運丁在運途中所受的勒索更加深重。清初建昌府推官陸鍵在《運旗說》中指出，雖然朝廷清查漕運之弊日趨嚴厲，但南漕陋規卻越來越嚴重，江西的漕運已經十分敗壞。四〇〇〇多里的運道，有八十二衙門管轄，這裡肅清，那裡就範；各「河泊閘官」共計七十三處查辦，而沿途大小辦漕之吏不計其數，「吮則為蚊，聚則為山」，運丁「無不破家」。而建昌的情況更加嚴重，船多田少，屯田收入無法滿足造船、領運之需，運丁像逃命一般躲避運漕。[58]運丁在承運時還有「水次之苦」，管運官吏敲詐勒索，包括「買幫陋習」、「衛官幫官常例」等[59]，每船費銀一二兩至十餘兩不等，船幫尚未開行，每艘「已費五六十金」；船幫到達淮安時，有「過淮之苦」，所謂添關之費、啟板之費等[60]，每幫漕船被迫交納賄銀多達五六百兩；抵達通州後又有「抵通之苦」，有如「倉官常例」、「上斛下蕩」之費等，每項每船也須交納白銀數兩至十餘兩不等。乾隆十七年

---

56 乾隆《德化縣誌》卷四《軍衛》。
57 參見鄭日奎《漕議》，賀長齡《皇朝經世文編》卷四十七《漕運中》。
58 參見同治《建昌府志》卷三《屯運》。
59 參見錢寶琛《論漕》，盛康《皇朝經世文續編》卷四十七《漕運上》。
60 參見王命岳《漕弊疏》，賀長齡《皇朝經世文編》卷四十六《漕運上》。

（1752 年），巡漕給事中范廷楷查獲江西鉛山、贛州、吉安等幫使用的新舊陋規賬簿及沿途需索賬簿，發現從領運起至通州交糧，每幫花費銀兩、土儀「四五百金」，納賄之地、受賄之人「有冊可據，有款可稽」，並提請從嚴治罪。但時任漕運總督瑚寶認為，各辦漕規例章程中「即有不可盡革之處」，治罪之事也因此不了了之。[61] 三是漕幫運丁及舵工、水手的勒索。隨著運丁受運漕官吏的盤剝加劇，他們往往轉而取償於兌糧州縣，稱為索要「幫費」。運官為從中漁利，往往縱容丁舵人等的勒索行為。因此，各漕幫經常以米質不符為由，拒絕受兌漕糧，動輒向州縣增索幫費。如收兌漕糧之前先要「鋪倉銀」，兌糧上船時要「米色銀」，開船離境時有「通關銀」等，隨後擴大到「淋尖、踢斛、拋剩、漫籌、腳米」等各種名目。[62] 如饒州府每年冬春交糧之際，運丁勒索的幫兌之費即源源而來。[63] 舵工、水手長年駕船挽糧，南來北往，終日辭勞，且收入甚微，因而在運丁索取幫費之時也鼓噪勒索，分利其中。康熙初年任安福知縣的張召南曾痛陳該縣頭舵、水手的肆虐行為，稱由於運丁短缺，往往難以節制其僱請的頭舵水手，反受驅遣，只能任其索增工錢，為其挾制。[64] 運丁的勒索，作為清代漕弊之一，常遭官吏的鞭撻，但運

61　參見《清史編年》第五卷，乾隆朝上，乾隆十八年六月十一日庚子。

62　參見任源祥《漕運議》，賀長齡《皇朝經世文編》卷四十六『漕運上』。

63　參見沈衍慶《答夏嗛甫論處置旗丁書》，盛康《皇朝經世文續編》卷四十八《漕運中》。

64　參見張召南《請逐積船並減身錢》，同治《安福縣誌》卷末《詳文》。

丁勒索幫費的問題絕不是孤立存在的，就連雍正帝發布的一道上諭中都談到，運丁的不法行為，都是由官弁「剝削所致」[65]。這些陋規，致使糧戶漕額負擔遠遠超過額定數目，運丁也遭多方勒索，處境艱難。

為保證漕運的順利進行，清廷針對漕運弊政進行了整頓。首先是嚴格立法，津貼運丁。一是分派屯田耕種。屯田收入在津貼運漕的同時，將其中的一部分留作造船開支，稱「濟運銀」、「濟造銀」。九江、贛州、廣信等衛出租的屯田，均由運丁自行收租。乾隆二年，這類租銀改為隨正賦帶徵，交糧道庫用以津貼漕運，各衛所平均每船派給屯田六頃二十九畝。[66]二是官府給行、月糧及各種運費銀。月糧是按月發給的糧餉，行糧相當於運丁的出差津貼，在出運時另支。江西每丁每月給月糧〇點八石，行糧則每官丁三石，行、月糧每丁每年合計十二點六石。除行、月糧外，運丁另外支領各種運費銀，如隨漕糧加征的銀米補貼，稱為「貼運」；另外還有潤耗米、水腳、修艙等銀。三是准令商貨優免關稅。康熙皇帝曾說：「每船土宜載在議單，應仍許帶，以恤運丁勞苦。」[67]清初運丁每船准帶土宜六十石，雍正七年（1729年）增為一〇〇石，後屢有所加，漕船回空又允許帶商貨南下。清前期江西漕幫每船的正項收入，以廣信所為例，「凡丁船出

65　參見光緒《漕運全書》卷八十五。

66　參見光緒《漕運全書》卷三十八《屯田津租》。

67　《清聖祖實錄》卷九、卷二百八十五。

運，該年於糧道庫內支領餘租、協濟、歲修、行月二糧，並增加月糧、剝淺、贈軍、耗米、斛面、分升等款」，各種運資約折銀四〇〇餘兩，又過淮領月糧銀六十五兩[68]；加上漕船並淺裁汰，將所載漕糧分加於現運各船，撥給運丁的各種運費按各船分載米石數量平均分配，另增收「負重」銀兩，每多載漕糧一石，能多收耗米 二點三二斗。江西漕幫每船以明末額定的四〇〇石為基數，入清後大多「造船以十丈為率，載米千石有餘」[69]，乾隆年間受載量更高達一二〇八點八八石[70]，為明末的二點五六倍，若以此計算，每船所得的耗米比較可觀。如此看來，在朝廷的制度設計上，對運丁運漕費用的保障不可謂不厚，難怪鉛山所「丁、舵、水手例給行月二糧，造船有料價，修艚有官錢，循行百有餘年，雖歷湖江之險，而歲歲抵通交兌足額」[71]。乾隆帝也因此說：「立法之始，一切應給正項及軍田運費俱有一定章程，本為充裕，旗丁等足資用度，挽運不致拮据，行之日久，從未聞有疲累難行之事。」[72]

其次是規範屯田濟運。清廷為此採取了鼓勵開墾屯田、清查豪吏侵占屯田、嚴厲禁止屯田典賣、要求被典賣屯田限時回贖等措施。乾隆十二年（1747 年），清帝曾頒布一道清理屯田的上

68　參見同治《廣信府志》卷三《食貨志・漕運》。

69　阮葵生《茶餘客話》上冊。

70　參見張光華《運漕摘要》卷三。

71　同治《鉛山縣誌》卷八《漕運》。

72　光緒《江西通志》卷首之二《訓典》，清光緒七年本。

論：「各省衛所屯田，如有人民霸占挵不許贖，州縣官不為審斷者議處」，「各衛所衙門書職人等隱占屯田，該管官治罪」[73]，嚴禁官民隱占屯田。乾隆二十四年，江西幫貼漕船的屯田因屯丁典賣隱占，以致於領運艱難，於是時任巡撫阿思哈奏請各地清丈此類屯田，並限令贖回。[74]贛州衛則通令超過額定屯田者「照畝加賦」，不足額定屯田者「不減其徵」，「活戶」自墾之田均撥充各幫為漕運公費。[75]清廷還利用典買屯田者收不回地價的辦法來預防民戶的典買行為，如乾隆二十六年，江西省規定按典賣年限長短分別出價，年限近者減原價百分之二十，年限遠者減原價的百分之五十，也可謂用心良苦。[76]清初江西部分衛所還以民田協濟運漕的方式減輕運丁負擔，在議定每船所需經費之後，扣除衛所屯田、屯丁所能提供的金額，將不足之數分派各有漕府縣隨糧徵派，建昌、廣信、鉛山、吉安、永新、安福、撫州城軍等七幫於津貼之外，另有民議協濟造運銀共九三九二兩，而南昌前後幫、九江前後幫、贛州、饒州、袁州、撫州屯軍等幫起初並無民間協濟費用，所以頻頻效仿。此外，還制定加徵津銀的辦法，加重屯田的地租率，以津貼運丁。乾隆二十五年，江西加徵津銀，稱「餘租」，全省各衛幫原徵餘租銀一二八八七兩，該年加徵 一

---

73 光緒《漕運全書》卷三十九。
74 參見《清高宗實錄》卷七百九十五。
75 參見同治《贛縣誌》卷十七《屯田‧屯田考》。
76 參見馮桂芬《裁衛屯議》，盛康《皇朝經世文續編》卷四十七。

一七七三一兩，增加了近十倍。[77]

再次是嚴格僉選運丁，管束舵工、水手。由於運漕負擔沉重，江西運丁逃避軍役的現象比較普遍。順治十六年（1659年），建昌知府高天爵及推官狄宗哲查出屯丁「將民作軍，抜誣詐害」，趕緊奏請「釐定軍冊，以除民患」。[78]自康熙朝「甲寅兵燹」後，江西運丁嚴重缺損，「雖年年報僉，歲歲催造，而終不能足額」[79]。浮梁縣不少軍戶在承造運船之時，動輒牽扯一般民戶，控告幫運，最後總督部院勒令糧道嚴查，並作出批示，此類「軍丁害民」現象，一律「勒石通禁」。[80]運丁承擔造船、領運之責，關乎漕運之根本，因此朝廷對運丁僉選尤為重視，並頒布諭旨，「若僉派後實系賣富差貧，或棄船脫逃，或重僉已革之丁，以及徇情出結、將軍丁改入民籍者，承僉之員降二級調用，不准抵銷」[81]。這種對官員的考核問責，禁止了部分舞弊行為，目的是為朝廷穩定一支運漕隊伍。江西舵工、水手由領運之丁花錢雇募，雍正年間，舵工每運僅得身工銀三四兩，水手不過一二兩，因此往往聚眾生事，索要工錢。針對這種情況，清廷採取「嚴加約束」的辦法，對舵工、水手「開姓名、籍貫，請給腰牌，力行保甲，前後十船，互相稽查」，並令押運官弁時刻稽查，稍有舵

77　參見李文治、江太新《清代漕運》，中華書局 1995 年版，第 233 頁。

78　同治《建昌府志》卷三《屯運》。

79　董衛國：《運船缺額陳請官造疏》，康熙《新建縣誌》卷十七《藝文志·奏疏》。

80　康熙《浮梁縣誌》卷九《續志·賦役》。

81　《清史稿》卷一百二十二《志九七·漕運》，中華書局 1977 年版。

手滋事，立拘懲治，如果一船生事，將領運之丁治罪，其餘九船連坐。[82]

　　由於漕運對維護統治至關重要，加之江西漕幫運途遙遠，運船重大，不但牽挽維艱，撐駕難行，且易招風失事，因此在整頓漕弊之外，清廷採取了多種方式對運丁進行撫卹。清初贛州衛的屯田中設有「優恤屯田」，以備各漕船「優恤軍戶孤寡之用」[83]。為預防運丁因突發事件而生計艱難，乾隆三十九年（1774 年）制定了強制貯蓄制度，將衛所運丁每年應得屯田津貼酌扣百分之十，稱為「勸運」，以備歉收之年發還運丁，或作為運丁因遭遇風火事故的補償和造船費用。江西省在徵收屯田餘租銀兩派給各漕幫作為造、運之費外，將多餘的費用存貯於道庫，以備幫船發生事故之用。[84]另外，朝廷還對運漕途中遭遇不測的運丁加以撫卹。如乾隆五十七年九江前幫漕船渡黃河時遭遇暴風，運丁徐子信等四船所載漕米全部沉失，六人遇難；次年九江後幫運丁項受七等六隻漕船在鄱陽湖及湖口江面突遭暴風，船米漂沒，淹斃人口。針對這種情形，朝廷將沉沒的漕米等一律豁免，沉溺船隻則補給料價打造，對遇難運丁及舵工水手則依照慣例分別恤賞。[85]

82　參見李蘭《詳請停清查什軍運漕議》，雍正《江西通志》卷一百一十九《藝文志》。

83　同治《贛縣誌》卷十七《屯田》。

84　參見光緒《漕運全書》卷三十八《屯田津租》。

85　參見光緒《江西通志》卷首之二；光緒《江西通志》卷首之三，清光緒十七年。

江西文庫 A0701A25

江西通史：清前期卷　上冊

主　　編	鍾啟煌
作　　者	梁洪生、李平亮
責任編輯	楊家瑜
發 行 人	陳滿銘
總 經 理	梁錦興
總 編 輯	陳滿銘
副總編輯	張晏瑞
編 輯 所	萬卷樓圖書股份有限公司
排　　版	菩薩蠻數位文化有限公司
印　　刷	百通科技股份有限公司
封面設計	菩薩蠻數位文化有限公司

出　　版　昌明文化有限公司

桃園市龜山區中原街 32 號

電話　(02)23216565

發　　行　萬卷樓圖書股份有限公司

臺北市羅斯福路二段 41 號 6 樓之 3

電話　(02)23216565

傳真　(02)23218698

電郵　SERVICE@WANJUAN.COM.TW

大陸經銷　廈門外圖臺灣書店有限公司

　　電郵　JKB188@188.COM

ISBN 978-986-496-192-4

2018 年 1 月初版

定價：新臺幣 320 元

如何購買本書：

1. 轉帳購書，請透過以下帳戶

　合作金庫銀行　古亭分行

　戶名：萬卷樓圖書股份有限公司

　帳號：0877717092596

2. 網路購書，請透過萬卷樓網站

　網址　WWW.WANJUAN.COM.TW

大量購書，請直接聯繫我們，將有專人為您
服務。客服：(02)23216565 分機 610

如有缺頁、破損或裝訂錯誤，請寄回更換

國家圖書館出版品預行編目資料

江西通史 清前期卷 / 鍾啟煌主編.-- 初版.--
桃園市：昌明文化出版；臺北市：萬卷樓
發行, 2018.01

　冊；　公分

ISBN 978-986-496-192-4(上冊：平裝).--

1.歷史 2.江西省

672.41　　　　　　　　　　107001901

本著作物經廈門墨客知識產權代理有限公司代理，由江西人民出版社授權萬卷樓圖書
股份有限公司出版、發行中文繁體字版版權。

本書為金門大學華語文學系產學合作成果。　　校對：邱淳楡／華語文學系三年級